U0048200

ゴーマニズム宣言
SPECIAL

態度！AKB48論

——獻給大島優子和渡邊麻友

ゴーマニズム宣言 SPECIAL

態度！AKB48論／目錄

第1章 專屬我的AKB48追星美學 007
第2章 AKB的同理心VS.反AKB分子的利己主義 023
第3章 愛上AKB的理由 037
第4章 我是蘿莉控？ 051
第5章 難以忘懷傳說中的Team4 061
第6章 偶像就是一種偏見 067
第7章 花錢的未必就是大爺 077

第8章 歌曲和偶像，死了都要愛！ 089
第9章 偶像剃光頭是不良示範？ 101
第10章 禁慾的真諦 113
第11章 千錯萬錯都是體制的錯?! 127
第12章 AKB可以談戀愛嗎？ 137
第13章 神對應與鹽對應 143
第14章 國民化與大眾化 169
後記 191

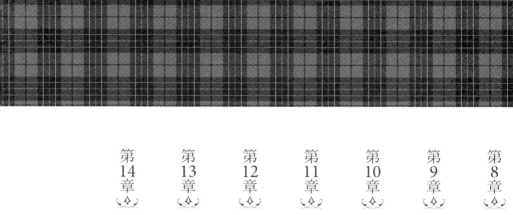

第1章

專屬我的AKB48追星美學

ゴーマニズム宣言
SPECIAL
態度！AKB48論
©AKS

位於東京秋葉原的AKB48劇場。
8F AKB48
真搞不懂！為什麼迷戀偶像就要承受他人異樣眼光！
為什麼有人覺得偶像只是思春期青少年的虛擬戀愛對象。
但我真的好愛AKB48！
明明已經老大不小了！

我的祕書美奈也一樣是AKB鐵粉，甚至懂得比我多！
Team A實在是高偶像度的正統派啊。
總之，迷戀偶像並不等同於虛擬戀愛。
AKB48不但有許多女粉絲！
小朋友粉絲也不少！
甚至連我的妻子也是HKT48的忠實粉絲！
哈哈哈哈…
村重好可愛。
哈魯P和芽瑠也是美人呢。
我的確是個上了年紀的大叔了，
但比起年齡，我的精神和年輕的大腦更有活力。
我現在的血管年齡是四十出頭。
是大叔又怎樣！
迷戀但還是保持紳士風度！
關你們什麼事?!

這是TeamA的公演！
篠田麻里子好棒！
菊地彩香和入山杏奈真是大美女！
佐藤菫和川榮李奈好可愛喔！
橫山由依的舞技超強！
喔！田野優花的表現也不賴！
還有…還有……
最棒的是…
麻友友的笑容…
實在是太迷人啦！
怎麼會有這樣的笑容?!

呼呼呼~~~~~~
美奈，你看到了嗎？
對啊，那笑容真的太強了。
麻友友的笑容有一種無與倫比的美！
うるうる※
うる
うる
劇場裡的麻友友（渡邊麻友）也比電視上更耀眼。
那種笑容不是普通人能展現的。
因為那不是刻意討好男性的笑容啊！
也不是自嗨才流露出來的笑容！
那到底是什麼？

那是一種慈愛啊。
慈愛？
沒錯，我是說慈愛，可不是「慧慈」喔。
不會想到那裡去啦！
那是一種不分彼此，無私的笑容！
原來如此。
那菩薩般的笑容，肯定可以治癒不治之症啊！
感謝上蒼～～～！
感謝上蒼～～～！
阿彌陀佛！
阿彌陀佛！
不過劇場公演跟電視演出完全不同呢。
就算在大型會場裡的演唱會，也看不到那樣的神情呢。
8F AKB48劇場

我本人迷戀她們已經有四年了！
都年過六十了。很了不起吧！
我也有好幾個想在總選舉時支持的成員，買下的CD數量多到我不好意思說！
我小林善紀不愧是連秋元康都認可的DD粉絲（死忠粉絲）！
うわ※ははははは
別以為我是只會迷戀偶像的宅男！
不要浪費我買的大量CD！
我不但會把CD發給公司員工、親戚小孩，也會在我舉辦的活動中分送給參加者。
我最討厭不珍惜物品的傢伙！
※哇哈哈哈！

無論AKB48、SKE48、NMB、HKT發片，我都會買下三種CD版本，聽完CD或看完DVD，還會在部落格發表個人感想！
HKT48
HKT48
HKT48
AKB48姊妹團的電視節目我也會盡量全部收看。
深夜時段的節目剛好很適合讓人放鬆心情睡個好覺。
我還會到秋葉原（AKB48）、榮（SKE48）、難波（NMB48）、博多（HKT48），等地看劇場公演！
不單是AKB最夯的歌曲，包含公演曲在內就超過五百首。
幾乎所有歌曲都是由秋元康作詞這點實在頗令人折服，但我喜歡的歌曲越來越多也很不得了。
我喜歡的歌曲有…
〈RIVER〉、〈Beginner〉
〈不能擁抱你〉、〈格子花紋〉
〈風正在吹〉、〈Pedicure day〉
〈盛夏的聖誕薔薇〉、〈跑吧！企鵝〉
〈無可奈何之淚〉、〈你正在看著夕陽嗎？〉
〈沙灘上的櫻桃〉、〈曾不屑一顧的愛情〉
〈心型病毒〉、〈飛機雲〉
〈若能擁抱我〉、〈戀愛捉迷藏〉
〈Candy〉、〈隔壁的香蕉〉
〈重力共鳴〉、〈無限重播〉
〈給我吧，達令！〉、〈First Rabbit〉
〈該不會是踩到狗便便吧？〉
〈帶我到溫布頓〉、〈結晶〉
〈翡翠色的沙灘裙〉、〈妄想女朋友〉
〈壞路姬〉、〈青春的Lap Time〉
〈我們的帆船賽〉、〈Virginity〉
〈絕滅黑髮少女〉、〈仲夏的Sounds good！〉
…數量多到數都數不清。

我太愛這些歌了，甚至還到「NicoNico」直播頻道上自彈自唱！
我的讀者中，也有越來越多ＡＫＢ粉絲！
而且成員的名字我也如數家珍喔！
首先要神推的就是大島優子！
不但個性開朗，舞技、人際手腕也很高明！演技好，英姿煥發，還有穠纖合度的上圍。各方面都超棒的！
特別要推薦咪喔琳（市川美織）！
簡直無法想像在地球上有像她這樣的小妖精！
我個人特別萌推的是美優紀（渡邊美優紀）！
不但平易近人，聲音更讓人酥軟！
王者當然非麻友友（渡邊麻友）莫屬了！
你看那菩薩般的笑容！
新一代中首推松井珠理奈！
還有山本彩！

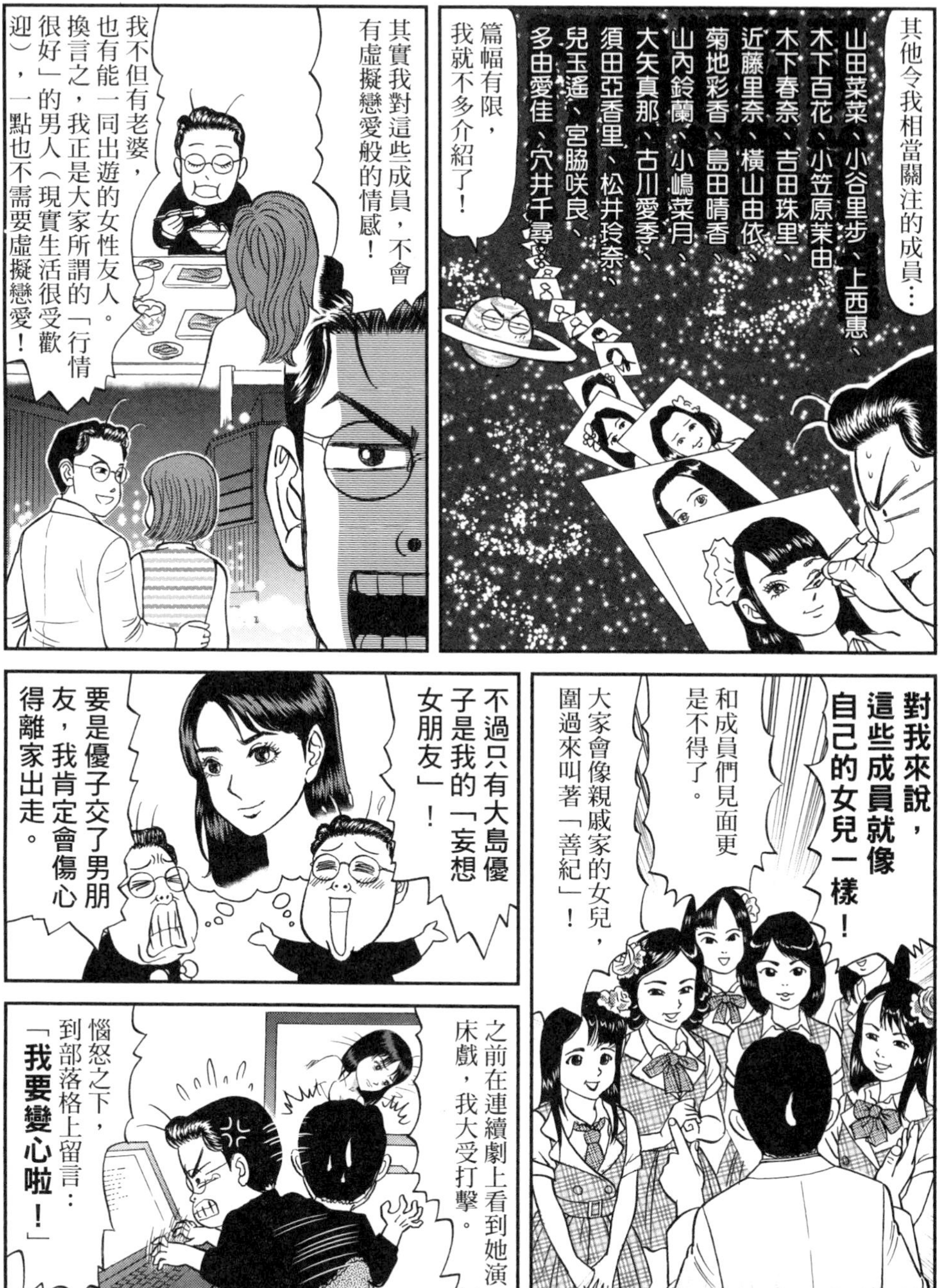
其他令我相當關注的成員…
山田菜菜、小谷里步、上西惠、木下百花、小笠原茉由、木下春奈、吉田珠里、近藤里奈、橫山由依、菊地彩香、島田晴香、山內鈴蘭、小嶋菜月、大矢真那、古川愛李、須田亞香里、松井玲奈、兒玉遙、宮脇咲良、多由愛佳、穴井千尋…
篇幅有限，我就不多介紹了！
其實我對這些成員，不會有虛擬戀愛般的情感！
我不但有老婆，也有能一同出遊的女性友人。換言之，我正是大家所謂的「行情很好」的男人（現實生活很受歡迎），一點也不需要虛擬戀愛！
對我來說，這些成員就像自己的女兒一樣！
和成員們見面更是不得了。
大家會像親戚家的女兒，圍過來叫著「善紀」！
不過只有大島優子是我的「妄想女朋友」！
要是優子交了男朋友，我肯定會傷心得離家出走。
之前在連續劇上看到她演床戲，我大受打擊。
惱怒之下，到部落格上留言：
「我要變心啦！」

峯岸南違反禁愛令就必須接受眾人的責難和懲戒，最後非得用剃光頭來展現反省誠意，但我認為沒有必要再對這件事窮追猛打。所以我護航的是她的反省誠意，因為重要的是「態度」。

這件事還上了網路新聞，優子知道之後，和我見面時，還故意對我說：
你已經變心了吧？
讓我拚著老命解釋。
《週刊文春》總是見獵心喜，鋪天蓋地報導ＡＫＢ成員的醜聞。
但最近我認為讓名聲本來就不太好的媒體報導，也許反而是助力。
週刊文春
醜聞爆發時，為了阻止事態變得更嚴重我會在部落格發表「滅火文」。
我的論點在ＡＫＢ粉絲中，有人支持也有人強烈反對！
峯岸南剃光頭事件時，我在部落格全面護航，甚至一天湧進二十萬件以上的點閱率。
ゴー宣道場
身を修め、現場で戦う覚悟を作る公論の場。
這是因為反ＡＫＢ和反峯岸的人將矛頭對準我，但這正合我意！
我的目的就是想把大家對她們的厭惡轉移到我這裡來！
包括「禁愛令」在內的不成規定，ＡＫＢ48的「態度」都必須好好維護！

我心中有股莫名的使命感在燃燒、戰鬥！
目的就是為了持續AKB的熱潮！
別人常常說我外表比實際年齡還年輕。
也許是因為浦島太郎效應發生在我身上吧？
我去AKB劇場看公演時，常常覺得自己彷彿置身於龍宮城。
看著公主、鯛魚、比目魚唱歌跳舞，時間也不知不覺流逝……
一旦AKB熱潮退去，我會不會瞬間變老？
如果真的會演變成那樣，我就非得為AKB延續十年熱潮不可！
秋元康要是輕言放棄，我可是會很傷腦筋的！
AKB不只要持續走下去，而且必須像寶塚一樣跨越世代！

最近田原總一朗*也公開表示自己是ＡＫＢ粉絲，搶走了我最高齡粉絲的寶座。實在讓我吞不下這口氣！
AKB 48
那老頭明明連「塔咖咪那」這個暱稱都不知道！
還把塔咖咪那（高橋南）和政治家混為一談，說什麼蠢話！
不要什麼都扯到政治上！
破!!
他在我講話時突然插嘴，
麻里子大人很感動呢…
麻里子大人？為什麼叫她「大人」？
這一問，讓我一時不知該如何回答。
難道要用「因為她輩分高，像女王一樣」來說明嗎？
……
當時實在讓我無言以對。
？
還有田原去雅加達看ＪＫＴ48的活動時，當地人曾把ＪＫＴ的成員表拿出來給他看，結果…
塔咖咪那在哪裡？
他居然問了這種問題！
塔咖咪那只在日本境內從事演藝活動啦！
被派到JKT48的成員是亞樹茶（高城亞樹）、哈魯空（仲村遙香）！

*田原總一朗：日本最具影響力的政治新聞評論家之一。

田原好歹也去上海看看SNH48！
我因為支持中國討厭的台灣前總統李登輝，也為了聲援台獨而畫過《台灣論》，所以現在被中國列為拒絕往來戶！
田原，你快去啦！
看我這麼熱血，大概很多人覺得我是不折不扣的「宅男」吧？
這點我不否認！
但是，我絕對不參加握手會！
我無法接受年紀一大把，還跑去排隊等著跟女孩子握手！
我能理解年輕人想握手的心情，但千萬別找我參加！
劇場公演時，我也不會上前和成員擊掌！
這是要維持我的紳士風度！
老是說我是「蘿莉控」的傢伙，統統去撞牆吧！
我生平最痛恨的就是少女買春、援交、猥褻行為！那些罪犯最好全都抓起來！
再說，「蘿莉控」這個詞的定義也很曖昧。
印象中是在一九八〇年代和「戀母控」同時開始流行的一種貶義詞！

你是不是在想：小林善紀幹嘛為AKB護航到這般地步？
那麼就讓我用這本書來為你解答吧！
AKB48現在儼然形成社會現象。
因為這樣的潛力，所以才會引發騷動，遭到眾人誤解、撻伐。
指原莉乃は
肉食系でした」
AKB不是麻煩製造者！
有問題的是社會上扭曲的心態！
這樣的漫畫各位覺得如何？
AKB48絕對是能流傳後世的傳奇！
生於同一個時代卻無法理解她們，任憑光陰虛度實在悲哀！
總之先看看我迷戀AKB48的理由吧！
也許你就會明白社會到底哪裡出了問題！

專欄　小林善紀的宅男碎碎念 ❶

2012 / 03 / 26

我想我對啊醬（前田敦子）有種依賴感。

昨天在埼玉超級競技場，聽到她發表AKB48的畢業宣言後，我整個人都嚇傻了。

而且偏偏就選在東京巨蛋的公演拍板定案，自己的聲勢也如日中天之時公布消息。為什麼要卸下自己在團體中難以撼動的中心歌手地位呢？

這麼做好嗎？

其實，到現在為止我從未特別支持過前田敦子。

那是因為我認為她無論如何都能一直保持著無法動搖的中心地位。所以我才會很放心地去擁護大島優子、柏木由紀、橫山由依、市川美織。

不知道是不是從〈飛翔入手〉的前奏曲開始，每每看到前田敦子倏地站到舞台上的華麗美姿，我就會再次肯定眼前這個女孩所背負著的AKB責任。

原來她想成為那樣的女藝人啊！

對不起，啊醬。

不知不覺間，我變得很依賴妳。這正是典型的依賴心態啊。

不過這份安心感這下也要開始消失了。

早知如此，我就該盡全力支持前田敦子。

悔不當初的心情，源源不絕湧現。

雖然大家拍著手，還邊哭邊不斷拍著啊醬的背，但當時我雙手抱胸久久無法自己。

我滿心失落地想，因為太過震撼了，豈有跟著一起拍手的心情？

回程，我也頻頻在車上唉聲嘆氣。

今天的最終公演依舊精采。

在那廣大的舞台上，我看到兩排列隊約莫三百公尺、載歌載舞的AKB成員們及姊妹團的演出，當時我不由得讚嘆日本有如此偶像娛樂文化的存在。

如今A・K・B的風範，散發著耀眼光芒。

而且對Team4、SKE、NMB、HKT、JKT的少女們來說，這時的前田敦子就如同女王一樣耀眼。

但偏偏這位女王再過不久就要離開了！

我想起昨天敦子、優子這兩位AKB支柱同台演出。當她們一同唱出〈禁忌的兩人〉時，我心中興奮激動的情緒完全難以自己。

可是從今以後，能和大島優子互相搭配的支柱組合，又在哪裡呢？

難道這不算嚴重的事態嗎?!

如此一來，大島優子身上的包袱將會越來越沉重吧。

在回程的車上，我不禁思考了許多AKB未來發展的問題。

2012 / 08 / 26

某天深夜，我的祕書傳了一則簡訊，上面內容是說：「由紀琳（柏木由紀）在〈格子花紋〉的宣傳PV裡有接吻鏡頭」。

「這傢伙又在嚇唬我了。」

於是我慢條斯理地上網搜尋那張照片。

「不對啦，這樣才不算是接吻！」

所謂的接吻就是將舌頭伸入彼此口中，覆蓋整個嘴巴才算數。

從由紀琳緊閉的嘴巴中透露出拒絕的意味，所以我堅決否認那是接吻的動作。

任誰看了都會自然認為由紀琳是閉上雙眼思考某件事吧。

再來看看男方脖子的角度。以普通人類的標準來看，他的脖子算是扭轉過度，甚至到了讓人擔心是否會頸骨骨折而亡的地步。

也就是說，這位男士的頭部一定是用電腦CG合成上去的！

還有背景的夕陽和巨大建築物，那肯定是可笑的人造布景！

更不用說當中映照出來的陰影，根本就是特攝片裡的大怪獸！

哇哈哈哈哈哈哈……

全都是幻覺，嚇不倒我的！

「由紀琳才沒有接過吻啦！」

ゴーマニズム宣言
SPECIAL
態度！
AKB48論
©AKS

第2章

AKB的同理心 VS. 反AKB分子的利己主義

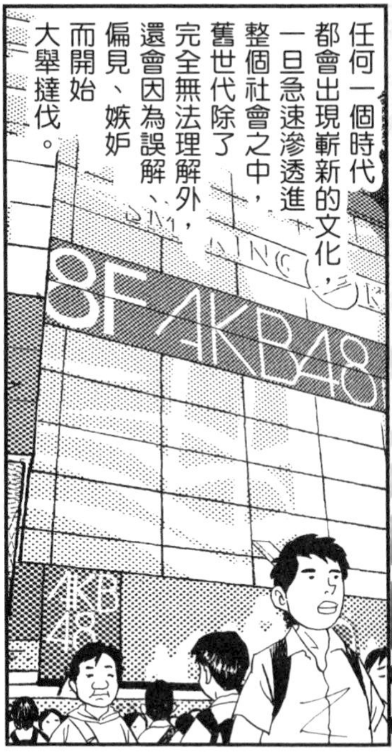
任何一個時代
都會出現嶄新的文化，
一旦急速滲透進
整個社會之中，
舊世代除了
完全無法理解外，
還會因為誤解、
偏見、嫉妒
而開始
大舉撻伐。
8F AKB48
AKB
48

由於漫畫可以
透過孩子滲透
到年輕族群中，
因此在漫畫市場
急速擴大時，也曾經引來
菁英分子、媒體、PTA、
教育界人士的指責。
當時他們發起
不良書刊查禁運動，
有如批鬥審判，
甚至在校園裡燒毀這些刊物。

從ＡＫＢ48單曲
屢屢突破百萬銷售量來看，
這個團體儼然已成為
一種社會現象。同時
也讓自己捲入社會的
誤解、偏見、嫉妒中。
週刊文春
いい年して
気持ち悪りぃなコイツ
ここまで落ちぶれるとはな。
ただのロリコンじゃねえか、
小林キモッ！！！！
還暦のじじいのくせに！
歐吉桑雜誌刻意抵制
年輕人的流行文化並
不令人意外。
知名團體披頭四和
Group Sounds＊，
他們的長髮模樣
也曾被老一輩的世代否定。
THE BEATLES
尤其到了網路時代，
中傷抹黑的言行就像
公廁裡的塗鴉一樣
不負責任。有心人士
為了散播毀謗中傷，
刻意激化這樣的指責。
隨著貧富差距擴大，
原本的「偏見」
逐漸轉化為「惡意」。
在這混亂的社會裡，
根深柢固的不只是
貧困階層越來越封閉，
多達六十萬的尼特族
也愛利用網路發洩壓力。
我過去也不曾
聽ＡＫＢ48的畢業曲，
更不知道她們
到底哪裡值得大家迷戀。
歌手重要的是
歌唱的實力，
像這樣合唱
完全沒意義嘛。
這跟學校的
女子合唱團
有什麼不同？
只有身為制服控的
宅男才會
喜歡這種調調吧？
秋葉原
果然讓我
猜不透啊！
雖然我過去是這麼想，
但也沒特別去批評。
只覺得既然漠不關心，
乾脆就閉嘴好了。

＊日本一九六〇年代後半以吉他為主、由數人組成的搖滾樂隊種類，簡稱 GS。

「態度」是AKB48成軍初期的關鍵字。在日劇《馬路須加學園》裡，前田敦子常有大喊「沒有態度就無法活下去！」的場面。而我也被她們的這份「態度」給吸引，進而成為她們的粉絲。

但一直到二〇〇九年十月，我看到「Count down TV」播放〈RIVER〉的宣傳片，當下受到了極大的震撼！
我原本還以為AKB48只會討好「制服控」，但那首曲子卻徹底扭轉了我的偏見。
隨著高橋南的一聲令下，少女們以自衛隊直昇機為背景，翩翩起舞。
這一群全副武裝，陸續走上直昇機的少女們。
她們穿著軍服橫渡滿是泥巴的河流。
如同電影《現代啟示錄》情節般，昂然站立在潺潺的河水中。
超帥氣！
傑出演技前所未有！
眼神中還透露出一股「態度」！
表情都比影片中的男人還認真！
在價值相對主義、後現代主義、冷漠主義的時代下，這群少女表現出自己的「態度」！
我對AKB48的熱愛終於被喚醒了！

以此為契機，我開始試著聽她們剛成軍時的歌曲，也會到劇場聽公演曲。我發現ＡＫＢ48的曲子讓我這個生於一九五三年的人無法自拔，令人懷念的旋律就像寶庫一樣。
喔！根本就是經典老歌重現！
這不就是百惠、明菜、宇崎龍童路線！
安劉易絲也唱過這類歌！
都是不錯的歌曲呢！
在迷上ＡＫＢ之前，我已經不再買ＣＤ，也沒在聽大家耳熟能詳的流行歌曲。
最近的歌曲只有節奏而已，歌詞就像是用唸的，都是些不成旋律的歌曲。
盡是些記不住也無法唱的曲子。
我也聽了好一陣子的西洋歌曲。
例如，新好男孩、女神卡卡、凱蒂・佩芮、泰勒・史薇芙特、還有，喞噹六便士合唱團。
Taylor Swift
FEARLESS
Katy Perry
BORN THIS WAY
而ＡＫＢ48把這樣的我重新拉回日本歌曲的世界裡。
ＡＫＢ的歌詞真新穎！主詞居然是用「僕」＊！
是以男性觀點演唱耶！
〈少女們啊〉中，用第三人稱觀點，演唱自己的故事嗎？
〈Beginner〉正好與當了三十多年漫畫家的我，心境不謀而合！

＊日本男性所用的自稱「我」。

漸漸地，我也慢慢感受到
每個成員各自的魅力。
啊醬（前田敦子）
偷摸親（板野友美）
由紀琳（柏木由紀）
呆菜（小嶋陽菜）
塔咖咪那（高橋南）
光是記下成員們的
暱稱就讓人覺得很有意思。
偷摸親
ともちん
こじはる
呆菜
あっちゃん
啊醬
ゆきりん
由紀琳
たかみな
塔咖咪那
聽到〈無限重播〉時，
我彷彿聽到過去
老虎樂隊所唱的
〈只愛你一人〉。
才會讓我開始
神推**大島優子**。
比起啊醬，
我覺得優子更讚！
在我擔任總編輯的刊物中，
曾經對秋元康進行過一次訪談。
那時他告訴過我
「Google+」的功用。
只要利用「Google+」，
就能看見AKB成員的留言。
就算粉絲們沒機會見到
AKB本尊，也可以用這個
和成員們互動喔。
在秋葉原AKB劇場，
我第一次觀賞到的是Team 4的公演。
狹小的劇場空間裡
能觀賞近在咫尺的少女們表演。
不但能看到她們的表情，
也可以看到
她們載歌載舞的模樣，
和看電視有著截然不同的樂趣。
她們主持節目的手法
雖然有些一成不變，
但對我這個沒有小孩的人來說，
能從中認識十幾歲年輕人的言行，
也算是奇特的體驗，
讓身為漫畫家的我學到不少。

AKB48的概念是「能夠近距離與偶像見面」，因此常常在日本各地舉辦「握手會」。
這點的確和以前的偶像不同，AKB和粉絲之間相對零距離。
也能對應多樣化的各式粉絲。
偶像們身處於資訊時代就只能這麼發展了。
AKB48在發售新專輯時，會把CD製成三種版本，收錄不同的非主打歌，也會將握手券和總選舉投票券放進其中。
而且還能從附贈的DVD影像特輯裡充分見識到成員們的魅力。觀賞時，也常常能看到如同正規電影般的高水準演出，每位成員就像是專業女演員一樣。
專業態度，實在令人嘆為觀止。
真夏のSounds good!
那些故意將這種手法揶揄成「AKB商法」的傢伙不過是輸家。
現在不正是CD販售萬般蕭條的時代嗎？
想聽音樂就靠網路下載，一張專輯中只會上網買一首想聽的歌曲。
唱片行的處境簡直猶如風中殘燭！
CD
全民流行的歌曲已經不存在，日本歌謠所締造的歷史也即將畫下句點。
而AKB48的企畫卻能讓整個唱片界起死回生！
我第一次買AKB48的唱片時，也只是三挑一買回家。但自從迷上AKB48後，便三種版本一次擁有，享受觀賞不同版本影像特輯的樂趣。
UZA

三一一東日本大地震！
大海嘯！
核電廠事故！
《風正在吹》就在這絕望的氛圍中發售。聽這首歌時，我感到相當震撼。
當時沒有任何歌手能以藝術家和音樂家的名義，在如此危機四伏的狀態下，傳達出如此感人肺腑的訊息。
風は吹いている
AKB48
AKB48這個偶像團體辦到了！
《風正在吹》最棒的地方就在於總是會時不時地在歌詞裡表達出「羈絆」和「團結」等滿滿的愛國訊息。
「雖然風吹向那樣的未來，在臉頰感覺到這生命的氣息。儘管如此，我會堅強活下去！那就從一塊一塊磚砌築開始做起吧？」
「只有淚水盈眶，想承當的到底是什麼呢？不願只做個旁觀者。」
秋元康的作詞功力實在是令人咋舌。

AKB48的姊妹團，從二〇一一年三月二十四日開始，持續在東日本大地震災區進行一連串慈善義演活動。
每個月會探訪災區一次，並在當地舉辦小型演唱會及握手會。
兒童們只要看到探訪災區的成員們……
總是能打從心底展現出動人的笑容，並且暫時忘記悲劇。
還有誰能讓災區兒童們如此引頸期盼呢？
我人在福岡時，秋元康曾經打了一通電話給我。告訴我：「HKT48的宮脇咲良寫了一篇文章，請你到Google+看看，內容真的很讓人感動。」
當時她的年紀大概只有十四歲。
各位晚安，我是宮脇咲良！今天我和板野友美、渡邊麻友、橫山由依、竹內美宥、仲俣汐里、岩田華伶等前輩一起到宮城縣名取市訪問。
其實，當初知道自己即將探訪災區時，心裡仍有些許不安。

雖然我也想為支援
三一一災後重建的
特別公演盡一份心力，
但其實我當時
對自己不太有信心……
但既然我們要鼓勵大家，將勇氣傳達
到各位心中，那麼我就不可以用不安
的表情上台演出，否則一切就沒意義了！
於是我再次堅定了自己的意志，探訪災區。
一到災區，
我看到許多小朋友和長輩
笑容滿面地等著我們。
雖然停留的時間很短
暫，但大家全都
表達出歡欣鼓舞
的情緒。
最後，在握手會上，
大家也不吝對我們說聲
「加油！」和「我會支持妳們的！」
災區的人們比我想像中還要樂
觀。不過，我想……
即使能將傷口深深隱藏在內心
角落，但我想對於日本人來說
卻是永遠無法抹滅的傷痕。
所以我們決定要用自己的歌舞，
把歡笑和勇氣傳達出去。
為的就是能早日療癒大家心中的那道傷口。
為了大家，
無論任何舞台
我都會持續唱跳下去。
後來，當我們的握手會結束，
正準備搭巴士離開時，
有位女士出聲叫住我們：
「請問各位可以
為我兒子上一炷香嗎？」
該名女士強烈希望
我們能接受她這一生唯一
的請求。

我們認為自己
既然能多少幫上一點忙，
就決定一同前往那位女士
住的組合屋。進門時，
第一印象就是覺得空間很狹小。
那裡的面積
大約是一間單人套房的
空間大小，
據說災區甚至有
四口之家目前正
生活在如此不便的
環境中。
房子裡還養了一隻可愛
的小狗。
當時那位女士
很寶貝地抱起那隻狗，
笑著說：
「牠是我唯一
帶來這裡的家當。」
接著她也說自己的
住家曾遭海嘯波及，唯一的
兒子也因此而往生。
這位女士的兒子和我同年，
據說是AKB48的忠實粉絲。
佛壇上除了有兒子的照片外，
下方還擺著AKB48的墊板，
於是我們便為這塊墊板簽名。
在我簽名的同時，
抬起頭看見那位女士
對著照片流著淚笑著說：
「就算你已經不在人世，
大家也會愛護你喔。」
「我兒子以前
嘴邊老是唸著AKB、AKB，
也很愛收集各位的墊板和周邊。
只是那些全都被沖走就是了。」
那位女士說話時，
臉上始終洋溢著笑容。
而我們在聆聽時
卻是邊哭邊鼓勵那位女士。
原本應該要由我們讓大家
打起精神來才對，但當時
卻反而是那位女士用笑容安撫我們。

後來，我們也到了海嘯的受災地。
那裡真的已經一無所有。
當時的房屋建築物已全然不復見，只能看到一片了無邊際的荒野。
荒野的中心有一塊隆起的小土丘，那正是眾人祈求災後重建能順利完成的祈願地。
從土丘上放眼望去，沒有任何生機，周圍的景象不禁讓人聯想到就像是遭遇過空襲一般。
空無一物。
這次透過災區學到的心得，真的是多到讓我難以一次寫完。
雖然只剩烏鴉四處飛竄。
但那兒的土地仍閃爍著光芒。
雖然海嘯奪走了許多生命，也造成無數人的悲痛。
但那兒的大海仍閃爍著光芒。
雖然大家的內心已受到嚴重的創傷。
但那兒的每個人，笑容、眼神仍閃爍著光芒。
在災區裡，至今仍閃爍著耀眼的光芒。

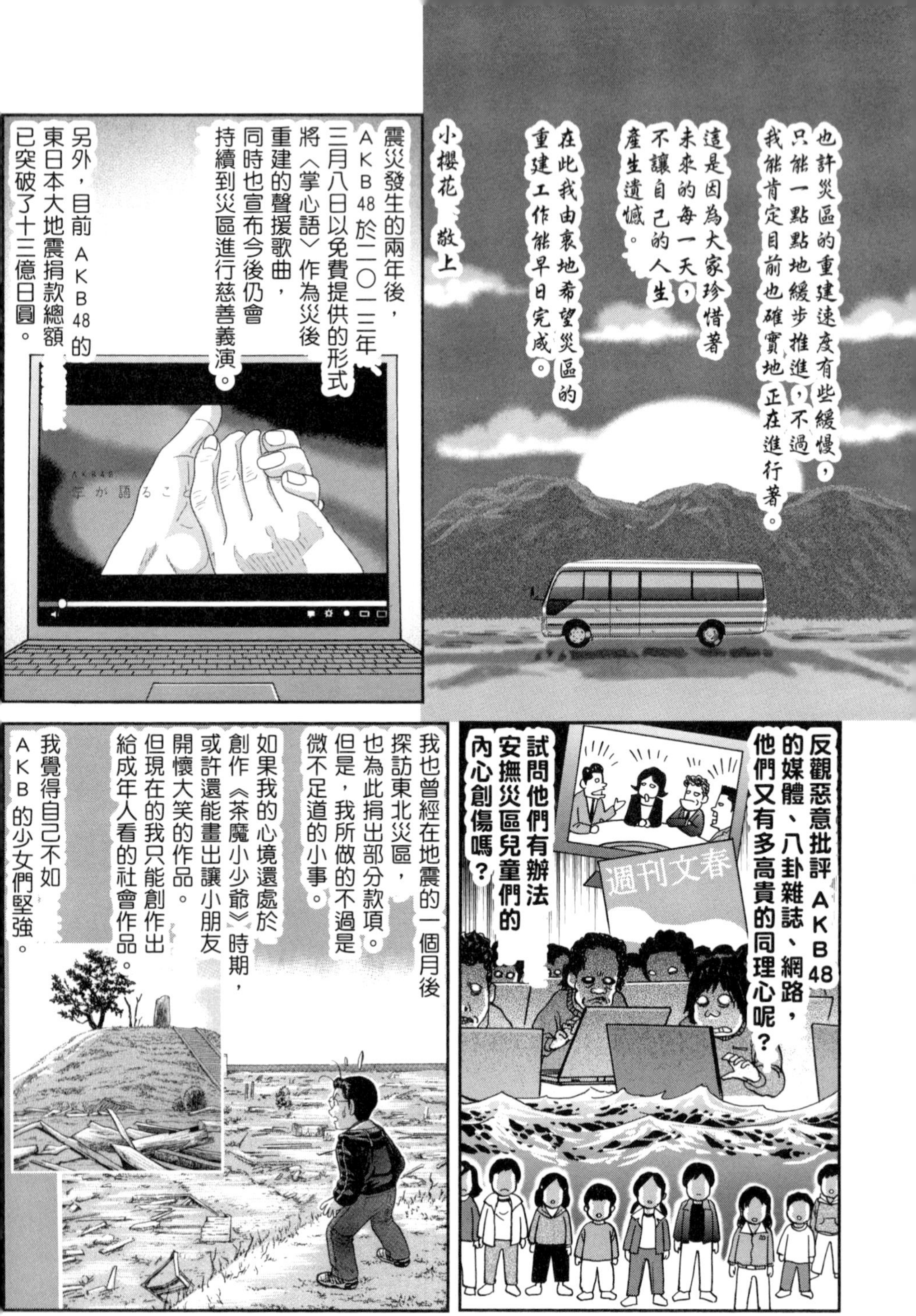

也許災區的重建速度有些緩慢，只能一點點地緩步推進，不過我能肯定目前也確實地正在進行著。
這是因為大家珍惜著未來的每一天，不讓自己的人生產生遺憾。
在此我由衷地希望災區的重建工作能早日完成。
小櫻花 敬上
震災發生的兩年後，AKB48於二〇一三年三月八日以免費提供的形式將〈掌心語〉作為災後重建的聲援歌曲，同時也宣布今後仍會持續到災區進行慈善義演。
另外，目前AKB48的東日本大地震捐款總額已突破了十三億日圓。
反觀惡意批評AKB48的媒體、八卦雜誌、網路，他們又有多高貴的同理心呢？
試問他們有辦法安撫災區兒童們的內心創傷嗎？
週刊文春
我也曾經在地震的一個月後探訪東北災區，也為此捐出部分款項。
但是，我所做的不過是微不足道的小事。
如果我的心境還處於創作《茶魔小少爺》時期，或許還能畫出讓小朋友開懷大笑的作品。但現在的我只能創作出給成年人看的社會作品。
我覺得自己不如AKB的少女們堅強。

小朋友們走出組合屋後，看到ＡＫＢ的成員們就能展露出欣喜的笑容。
わあ——
ワァァァァ
わあ——
幼兒們開心地手舞足蹈……
少年們彼此搭著肩膀歌唱……
少女們一同隨著節奏跳舞……
即使無情的海嘯讓他們失去父母，
即使無情的海嘯讓兄弟姊妹離開人世，
這些家園已隨波消逝的孩子們，
因為這快樂的時光而忘記所有傷悲！

當地教師向ＡＫＢ成員致謝時，曾說出了以下感言：
「這次大家看到平常看不到的景象！我們從未看過孩子們這麼開心！」
試問那些只會拉高分貝抹黑ＡＫＢ的傢伙們，也有如此強大的能力嗎？
秋元康先生說：「就算被他人當成偽善者，也總比什麼都不做來得好」。
這樣的他，目前仍然沒有停下慈善活動的腳步。
AKB48的同理心和反AKB分子的抹黑有非常矛盾的落差！
反AKB分子！
好歹也該反省一下想想自己是否曾為社會做出什麼貢獻。
這樣的漫畫各位覺得如何？
內心腐敗的反AKB分子全都下地獄去吧！
你們是社會上的敗類！
統統都給我滾！
我很瞭解大家為何討厭我小林善紀，但是…
既然一定要毫無理性地討厭AKB，那你們是不是非得逼政治家出手訂立「禁止反AKB法案」才肯罷休?!

ゴーマニズム宣言
SPECIAL
態度！AKB48論
©AKS

第3章

愛AKB的理由

秋元康知道我相當熱愛AKB，所以演唱會結束後，我便透過秋元伸介先生（時任秋元康事務所董事）的引介，進入後台。
過去我會推掉這類邀請，但基於訪問需求與對方好意，我還是厚著臉皮接受了。
那裡集合了各家媒體的娛樂記者，而在AKB全體成員面前的正是秋元康先生。他當時拿著擴音器檢討今天的活動以及發表鼓勵感言。
每個成員也都認真仔細聆聽。
原來如此！我也算是媒體記者。

接著，成員們開始接受記者的採訪。
或是和各自認識的人們打招呼。
剛開始伸介先生把我帶到一座向上移動的大型電梯裡稍作等候。
結果卻遇到很不得了的狀況。
AKB48的主要成員全都站在我的面前。
我跟我的祕書就這樣直接被留在那些成員的身邊。
以前我擔任過AKB紅白歌合戰的審查員，也有部分成員看過我的部落格文章。雖說我在她們之間的知名度因此有些提高，但是，我想此時應該還有一些成員不認識我。
而且當時電梯動也不動，我只能留在裡頭耗時間。
現場閃光燈此起彼落，記者們毫不停歇地拍照。
パシャ
パシャ
パシャ
※
怎麼會把我丟在這裡啊？
嗚哇~誰來快想想辦法~
在尷尬到完全不知如何是好的窘境下，有位成員過來向我搭話。

※喀擦喀擦！

您辛苦了。
咦?!
是宮澤佐江！
原來是那麼溫柔的女生啊！
沒想到這麼熟悉社交互動。
這不禁讓我思考，自己被他人親切以對時，是否也有辦法用相同的態度回應對方呢？
在考量佐江的年紀後，我覺得能鼓起勇氣和顏悅色地面對他人的佐江，真是位溫柔取勇氣十足的女孩。
AKB48是「能見上一面的偶像」。只要確實見過面，就能因為一些小交流，而開始想支持她們。
過去的偶像只透過媒體，只以外表和歌聲獲得粉絲的青睞。
AKB48則是能透過握手會和Google+與粉絲交流，拉近距離。
不但可以和AKB48的成員會面，而且這也是只要瞭解她們的「體貼」，就會心甘情願成為粉絲的緣故啊。
好完美的女孩呀～❤

宮脇咲良（粉絲們都叫她小櫻花）在Google+上所寫的文章，洋溢出的感性令人印象深刻。
不過，讓我實際留下好印象的則是有一次演唱會結束後，當我和某位成員交談時…
才突然發現小櫻花正在我的身後。
她邊聽著談話內容邊晃著身體，眼珠子滴溜溜地看著我，像是在講：「這個大叔在說些什麼有趣的事呢？」
沒想到能寫出那種細膩文字的女孩，居然有著如同小朋友般的好奇心！
真…真可愛！
是First Rabbit！
這正是First Rabbit沒錯！
〈First Rabbit〉是AKB48的歌曲，歌詞寫得很棒：
「即使是看不見前方的漆黑洞穴，也要搶先成為第一個跳進去的兔子」。
在看到小櫻花的當下，我不禁想起〈First Rabbit〉裡那隻好奇心旺盛的兔子。

過去的偶像只透過媒體，只用外表和歌聲獲得粉絲的青睞。
現在不但可以和AKB48的成員會面，而且這也是粉絲一旦瞭解她們的「感性和好奇心」，就會心甘情願成為粉絲的最大原因啊。
以前我的雜誌為了能引發話題，曾經專訪過一些偶像藝人。
但無論我怎麼問或拋出話題，也完全都是對牛彈琴，一點意思也沒有。
只是個無法看出偶像真性情的無聊訪談。
之所以會如此，其實是偶像聽從經紀公司謹言慎行，不能顯現出自身個性的指示。
過去的偶像一直以來必須盡量隱藏自己的生活感，維持「公眾魅力」。
反觀AKB48的成員們，不但能在劇場上的串場時間表現個人真實性情，也會在握手會、Google+、紀錄片，甚至綜藝節目裡「扮鬼臉」。
經紀公司不會對她們的偶像形象作任何操作。

我這個依然念著老時代偶像的人，實在無法理解指原莉乃的魅力，
她絕對算不上是美人，也稱不上可愛，而且還會擠出讓人看不下去的鬼臉，就連搞笑功力也只是「半吊子」。
但為何她這種「廢材」型的人物會人氣飆升呢？
而且總選舉時，她的名次居然還能慢慢爬升，所以她的存在實在讓我很氣惱。
《週刊文春》也曾爆料過指原的戀愛醜聞！
AKB48指原莉乃は
肉食系でした
當時對她的處分則是被移籍到HKT48。主要活動地點就在我的故鄉福岡博多。
HKT48 THEATER
JAPAN'S MOST SOPHISTICATED SHOW
搞什麼鬼啊！
又不是菅原道真的時代，
博多才不是用來流放的地方！
我回博多都會去看HKT48的表演，所以這種結果讓我很不滿。
那些女生還只是孩子啊！
這樣會教壞她們啦！
我很擔心指原混在小女生之間，會讓表演變得很突兀。
所以我跑去看指原在HKT48的處女秀。
果然裡面只有她看起來特別「臭老」～

秋元康先生希望我能幫指原莉乃的新歌附贈的DVD錄製對談，因此那天表演結束後我們就到博多的拉麵攤拍攝。
ラーメン
當天晚上指原穿著迷你裙展現出自己修長的美腿，面對我時也毫不怯場。
真是天不怕地不怕啊！
雖說之前已經先打過招呼了，但我撥開布簾進入麵攤後，她卻能很自然地秀出才剛見面的演技。
哎呀！你不是那個很討厭我的小林先生嗎？
裝什麼傻啊，這傢伙…
雖然才十九歲，卻能在訪談過程中，展現過度自然的大方態度。
這個女生才不是「廢材」啊！
真是天不怕地不怕啊！
指原在與我對話的同時，居然能把一整碗拉麵全部吃光！
實在是天不怕地不怕啊！
雖然指原被我吐槽時會立刻裝出看起來很遜咖的模樣，但她其實是那種會裝熟、只要稍不注意就會突然出怪招的傢伙。
所以面對指原時，我不會輕易放下戒心。
不過她在電視節目「HaKaTa百貨店」裡有傑出的主持表現，進而讓HKT48的人氣變得更旺，這點我給予極高的評價。
HaKaTa

畫這章時我根本沒想到指原會登上總選舉的第一名。難道對 AKB 來說指原的活躍其實是不可或缺的戰力…？

AKB48
和過去的偶像不同，
一般人都能輕易地
和她們見面，
只要能
摸熟成員們的性格，
自然也會出現
喜好這種偶像的粉絲。
也許對許多年輕處男來說，
AKB 成員正好
能當成自己的
虛擬戀愛對象。
雖然網路上也有人純粹是
將 AKB 成員視為憧憬的偶象，
但也有人老是愛拿她們開下流玩笑。
這也是沒辦法的事。
我讀國中時，也會
把酒井和歌子的照片
放進學生手冊裡，
光這樣就能讓我滿心歡喜。
所以要是
大島優子決定裸身入鏡，
我肯定會大受打擊。
AKB 的成員們
可以說是集結了
班級中第三、第四
漂亮的女生。
但女大十八變，
像呆菜（小嶋陽菜）
和麻里子大人（篠田麻里子）
就能逐漸成長為能登上
女性雜誌等級的美女。
年青一代的 AKB 成員
也能滿足處男們的
虛擬戀愛及妄想。
因為成員當中，
也有很多美女，
以及身材惹火的女孩。
不過，她們的確
多半屬於班上第三、
第四漂亮的女生。
她們的存在
反而會爆發出一種「情人眼
裡出西施」的力量。
ドドオーン!

※ 登愣！

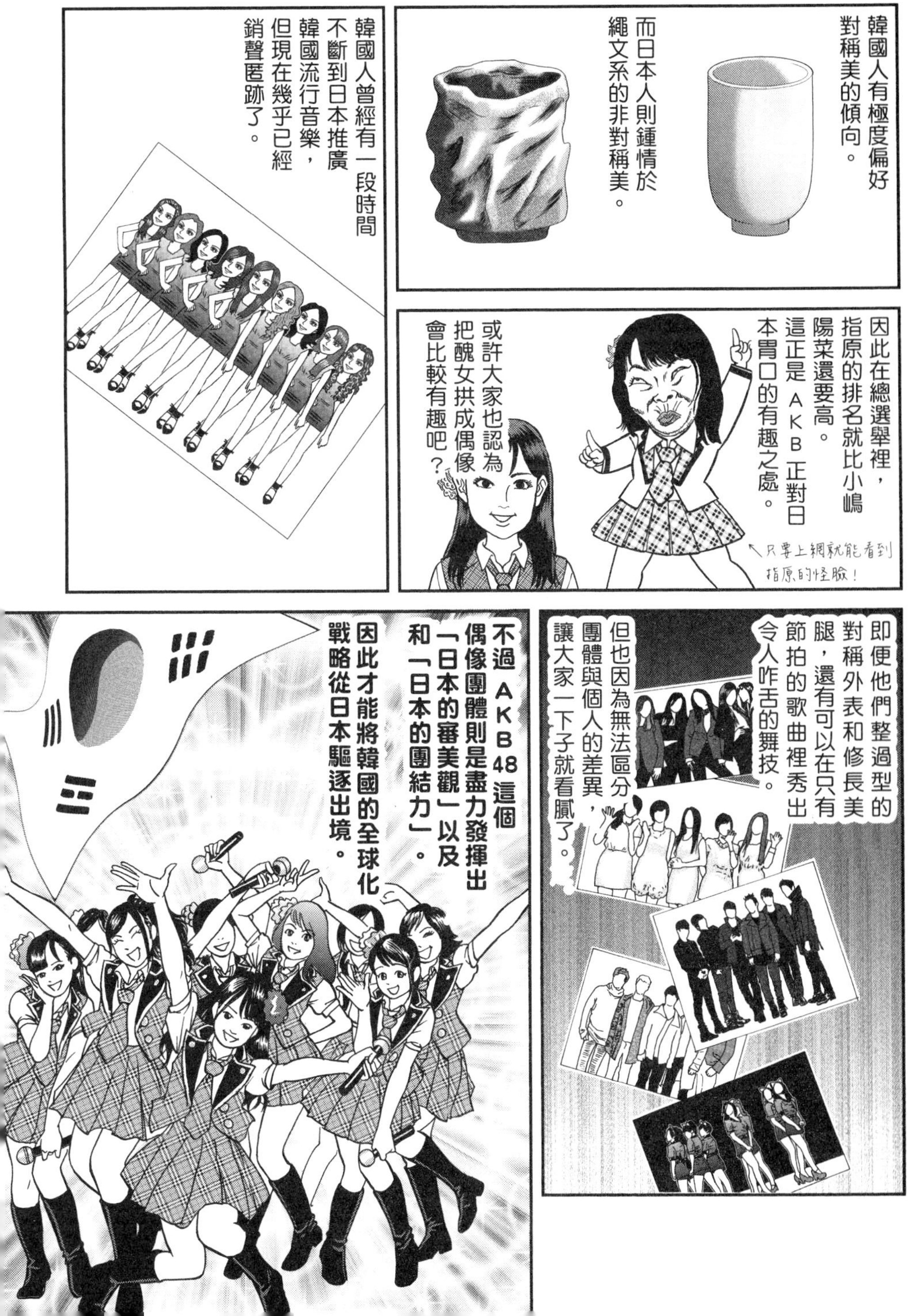
韓國人有極度偏好對稱美的傾向。
而日本人則鍾情於繩文系的非對稱美。
韓國人曾經有一段時間不斷到日本推廣韓國流行音樂，但現在幾乎已經銷聲匿跡了。
因此在總選舉裡，指原的排名就比小嶋陽菜還要高。這正是ＡＫＢ正對日本胃口的有趣之處。
或許大家也認為把醜女拱成偶像會比較有趣吧？
只要上網就能看到指原的怪臉！
即便他們整過型的對稱外表和修長美腿，還有可以在只有節拍的歌曲裡秀出令人咋舌的舞技。
但也因為無法區分團體與個人的差異，讓大家一下子就看膩了。
不過ＡＫＢ48這個偶像團體則是盡力發揮出「日本的審美觀」以及和「日本的團結力」。
因此才能將韓國的全球化戰略從日本驅逐出境。

雖然有一陣子韓國流行音樂
被大家讚賞為專業音樂，
而AKB則被批評成家家酒。
但韓國流行音樂
只不過是韓國政府向國際推廣
國家形象的幻想而已。
全球化主義是一種
將全世界「標準化」
的行動。
若是偶像也開始全球化，
那麼全世界的審美觀
也就不得不隨之
「標準化」。
若基於國家戰略來
推廣女性審美標準，
就讓人很頭痛了。
因為日本有
自己的審美標準。
所以日本人看國際選美比賽
裡的日本代表，總是會覺得
哪裡不對勁。
整形大國韓國，喜歡的是
五官左右對稱的美女。
日本人普遍喜愛的繩文系
美女雖然外觀不對稱，但
這並不代表是醜女！
雖然日本人也喜歡
彌生系的端正之美，
但潛意識下，還是繼承了
繩文系的審美觀。
雖然連美國人最近
也開始覺得日本的
「卡哇伊」文化很酷，
但他們到頭來
還是比較喜歡肉慾橫生的
「性感」美。

我認為無論是小茉、秋梨、大隻佬，她們都是「比普通美女還可愛」的女生，只有指原除外。

符合我喜好的繩文系女孩有…
NMB48的小茉（小笠原茉由）和HKT48的秋梨（中西智代梨）等等…
尤其是小茉（小笠原茉由），就像《古事記》裡的天宇受賣命*，頗有讓八百萬眾神如癡如醉的舞蹈才能。
最神奇的就是「醜得可愛」。那是一種越看越順眼的長相，反而比普通美女更讓人覺得可愛。
AKB48的大隻佬（島田晴香）就是屬於這種類型。
晴香！
大隻佬！
正是有這類女孩的存在，AKB才會迅速紅遍社會各階層。
AKB48一開始就是由秋元康的個人審美觀構築而成。
不認同的粉絲們就會像核分裂一樣紛紛舉旗反對，一個接著一個大聲主張自己的審美觀。
秋元康看人的「眼光」很高明。
前田敦子
渡邊麻友
松井珠理奈
島崎遙香
田島芽瑠
喜好真是令人目不暇給呢。
無論哪位都很有自己的特色。

＊天宇受賣命：又稱天鈿女，日本傳說中善於舞蹈的神祇。

不知為何，我最近也開始喜歡上伊豆田（伊豆田莉奈）的長相。怎麼樣？我這個人很奇怪吧？

雖然秋元康目前比較擁護帕露露（島崎遙香），不過這似乎是因為秋元先生特別相信人的「運氣」。
帕露露在「猜拳大賽」得過第一名，所以我想今後秋元先生會更看重帕露露的「運氣」吧？
連「運氣」也能視為當偶像的條件，秋元先生這點實在相當令人佩服！
我認為AKB48絕對不能沒有秋元康。
要是秋元先生在挑選、推舉少女時，沒有以自己的「眼光」為出發點，就不會造成粉絲的議論，引起審美觀大戰。
AKB粉絲加入的是審美觀大混戰。
大家支持自己喜愛的成員，並企圖藉此奪得天下。
ウオオオオオオオオ※
這一切最終都會在總選舉上一決高下！
過去，粉絲支持的大島優子打敗過秋元康支持的前田敦子。
但再怎麼說，總選舉只是選出下一個成為中心歌手的成員。
下次秋元康還會再推舉一個成員出來，並期待她能成為新的中心歌手。

※ 喔喔喔喔喔喔喔喔喔！
※ 嗚呀呀呀呀呀！

雖說今年總選舉的選拔體制對女性很體貼，但我認為那樣反而對醜女太過體貼了。

我也能充分瞭解秋元康強力支持的成員魅力所在。
但因為我的傲嬌，我就是不想支持。
因為我只想靠我的宣傳活動支持自己想支持的成員。
可能也有許多粉絲和我有一樣的想法，不過他們會開始產生一種被害妄想症，認為自己支持的成員被官方漠視…
於是，開始反對其他自己不支持的成員，並在網路上中傷她們。
我很瞭解你的心情，但這種想法太超過了。
所以我上網最不希望看到的，就是大家互相攻訐。
現實社會中，人們對女性的美貌不見得偏好左右對稱的臉孔。
在AKB中，粉絲也以多樣化標準來進行評價。
這樣的漫畫各位覺得如何？
AKB48挑選偶像的標準可以有「溫柔體貼」、「敏感好奇」、「親切真誠」、「醜得可愛」、「運氣很好」。我認為這對女性來說是一種很和善的體制！
甚至可以締造出比選美比賽還要有深度的審美觀！

專欄　小林善紀的宅男碎碎念 3

2012 / 09 / 24

SKE、NMB、AKB還有指原莉乃with杏李玲上了DOWN TOWN的音樂節目。SKE48在〈即使接吻也是左撇子〉的演唱最後，可以看到珠理奈和玲奈接吻的動作。那樣的畫面讓我很在意是不是真的嘴對嘴，不知大家的看法如何呢？

NMB48的新歌是「北川謙二」作的？

居然有這種事！

這首歌我想忘也忘不了，因為實在太有意思了！

由NMB詮釋的這首歌讓人覺得很歡樂，因為她們的衣裝不但特別可愛，而且舞蹈就像是隨意玩耍胡鬧般。

這首歌肯定會紅！

緊接著就是指原莉乃with杏李玲的表演。

〈懦弱的化妝舞會〉這首歌簡直是太棒啦！

在沙喜（指原莉乃）的獨唱段落，本該是沙喜演唱的場合，但站在中心位置的人卻是川榮李奈！

這個點子實在太厲害了，這種配置我還是第一次見到。

更何況我個人本來就很欣賞川榮李奈、入山杏奈、加藤玲奈這三人。

好想再看一遍啊！

反觀指原，怎麼表現得如此收斂？只在角落唱歌，這麼低調其實也很不賴喔。

DOWN TOWN開始吐槽沙喜的表演很沒存在感，大島優子忽然插了一句話：「可是指原還蠻喜歡這種含蓄一點的表演方式。」我覺得這句話的時機掌握得很不錯。

優子！好一個漂亮的支援守備！妳還真聰明啊。

對她說的話，我不禁點頭如搗蒜。

另外，我怎麼覺得沙喜的臉變瘦了些？眼睛看起來比較大了。

這樣看起來可愛多了！實在是太犯規了！

另外，歌曲也一樣很讚！我認為這首歌一定會紅得發紫！

不知道她們會不會成為AKB團隊中最紅的組合呢？

歌曲〈UZA〉果然棒呆了！

她們只要開始跳起舞來，總能讓人目不轉睛！

那暗夜迷情般的性感風貌，看起十足搖滾風！

特別是大島優子那傲視群倫的目光，模樣真是令人著迷！

珠理奈雖然也不錯，不過這首曲子沒有優子就沒辦法唱下去！

優子那如同歌舞伎演員的模樣，真是太帥了！

這首歌就是由優子領軍才能大受歡迎！

〈風正在吹〉也非常震撼人心，但那已經超出了偶像歌曲的範疇！我覺得這真的太了不起了！

真不愧是AKB的姊妹團，在節目上不斷演唱出如此有趣歌曲。

我已經等不及新專輯正式發售那天的到來。

ゴーマニズム宣言
SPECIAL
態度！AKB48論
©AKS

第4章 我是蘿莉控？

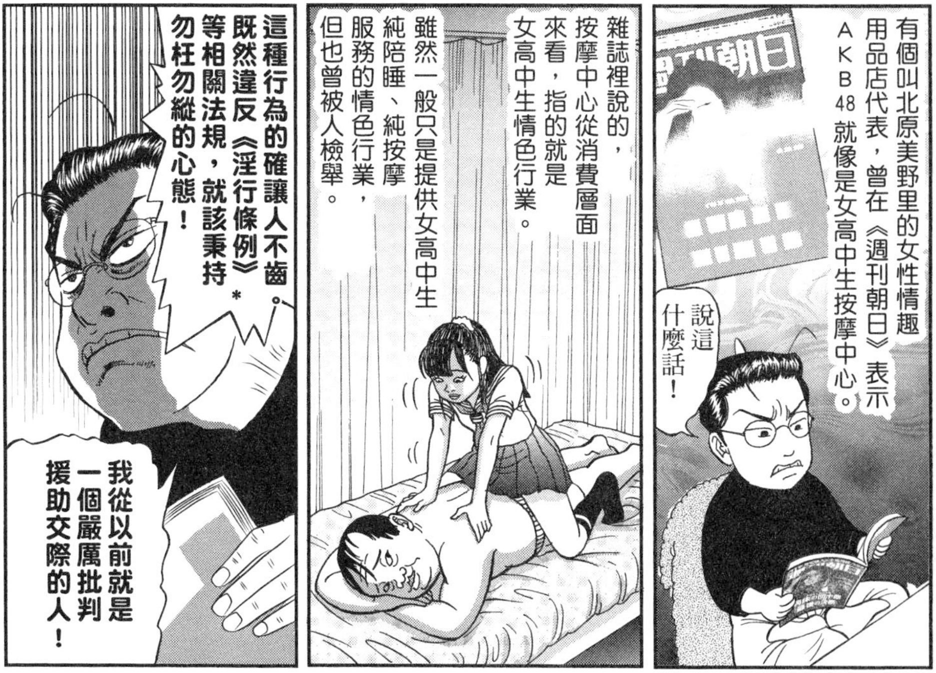
有個叫北原美野里的女性情趣用品店代表，曾在《週刊朝日》表示AKB48就像是女高中生按摩中心。
週刊朝日
說這什麼話！
雜誌裡說的，按摩中心從消費層面來看，指的就是女高中生情色行業。
雖然一般只是提供女高中生純陪睡、純按摩服務的情色行業，但也曾被人檢舉。
這種行為的確讓人不齒。既然違反《淫行條例》＊等相關法規，就該秉持勿枉勿縱的心態！
我從以前就是一個嚴厲批判援助交際的人！

＊淫行條例：日本各地方自治體自行規定的青少年保護育成條例中規制「淫行」、「淫亂性行為」、「猥褻行為」以及「教導或呈現前述行為」的相關條例。

北原認為ＡＫＢ48和以女高中生作為賣點的情色業相似，並把我當成ＡＫＢ粉絲的頭號代表，指名道姓作低劣指控。
上頭將ＡＫＢ粉絲歸納成「蘿莉控」的論點是：「這本來就是不可告人的性樂趣」，還有「那是日本在靈魂深處根深蒂固的性慾」，並唾罵「使整個日本列島陷入陽痿的噁心狀態」。
AKB是種性樂趣？
我才沒有這種性愛「樂趣」！
簡直就像煩惱國事的右派老臭老頭的批評。
日本男兒別再當蘿莉控，目標應該是成年女性！
大家要成為肉食男！
不過據說北原很迷韓流，韓國偶像的青春肉體更是她的最愛。
換成日本男人就沒興趣了。
她也不過是迷戀韓國男人的肌肉而已。
混帳！到底是誰的性樂趣有問題啊?!
對ＡＫＢ冠上「蘿莉控」字眼的女權主義者，智力也不過如此。
過去也有人把AKB和「酒店小姐」畫上等號。
那些故意抹黑的傢伙就是喜歡什麼事都聯想到情色業。
我從不到風月場所，但絕對不會說出瞧不起該行業女性的言論。
我認為只要不觸法，任何職業都有其社會意義。

若談及日本藝能圈的歷史，可追溯到白拍子和出雲阿國這兩號人物，以及受到差別待遇的河原者之藝。換句話說，姿色等於是才藝的基礎。

但是！AKB48在分類上一直都屬於「藝能圈」，而不是情色行業！
漫畫家也是「藝能」的一種，是靠「藝術天分」展示能力的職種。
所謂「演藝人員」特別是偶像和演員（性格演員和丑角除外），男性就該讓女性喜愛才有價值；女性就該讓男性喜愛才有價值。
這難道不是基本常識嗎？
其實，日本藝能圈歷史和情色業有些微相似。
既然硬要把AKB和情色業扯上關係，那麼就代表所有以姿色為賣點的藝人都必須和情色業畫上等號了。只是以這種跳躍式邏輯抹黑他人，到底是什麼心態？
北原說：以小林善紀為首的日本男性大多都是蘿莉控，而且無可救藥。
但令人不解的是，日本男性看Ａ片的口味其實早已出現熟女風潮。
壇蜜在電視上也十分受歡迎！
明明北原可以大方承認這股熟女風潮，但為何總是拒日本男性於千里之外。
反而喜歡韓國那種有徵兵制的儒教國家男人？

以儒教為本的韓國社會存在著男尊女卑的觀念。
日本確實出現沒有徵兵制而造成男性草食化的現象，連社會也變得比以前更重視男女平等的觀念。
而北原難道是要否定戰後崛起的「男女平等」和「反戰和平主義」嗎？
身為一個女權主義者，她的主張顯然自相矛盾！
還有《萬葉集》裡「益荒男」*和《古今集》裡「手弱女」*等關於日本男兒的許多歷史典故，北原。
日本《源氏物語》就有將十四至十五歲女性當成戀愛對象的描述。
昭和初期，適婚年齡則是十五到二十五歲之間。
到了近年，適婚年齡開始變晚，年過三十歲才結婚比比皆是。除了是因為女性在經濟上開始有自主權，也是由於個人主義在社會上相當盛行的緣故。
AKB48的成員們大多都是十五到二十五歲的女性，所以合乎蘿莉控喜愛的標準其實並不多。

*「益荒男」指的是雄壯威武的男子；「手弱女」在此引申為纖細、女性化的男子。

觀察網路上的惡質宅男，會發現他們故意把年齡二十二～二十三歲的AKB成員稱作「大嬸」。雖然那些宅男有可能是因為年紀還小的關係，不過對我來說每個AKB成員不但耀眼而且全都是很有朝氣的小女孩。我只希望麻里子大人可以永遠停留在三十歲。

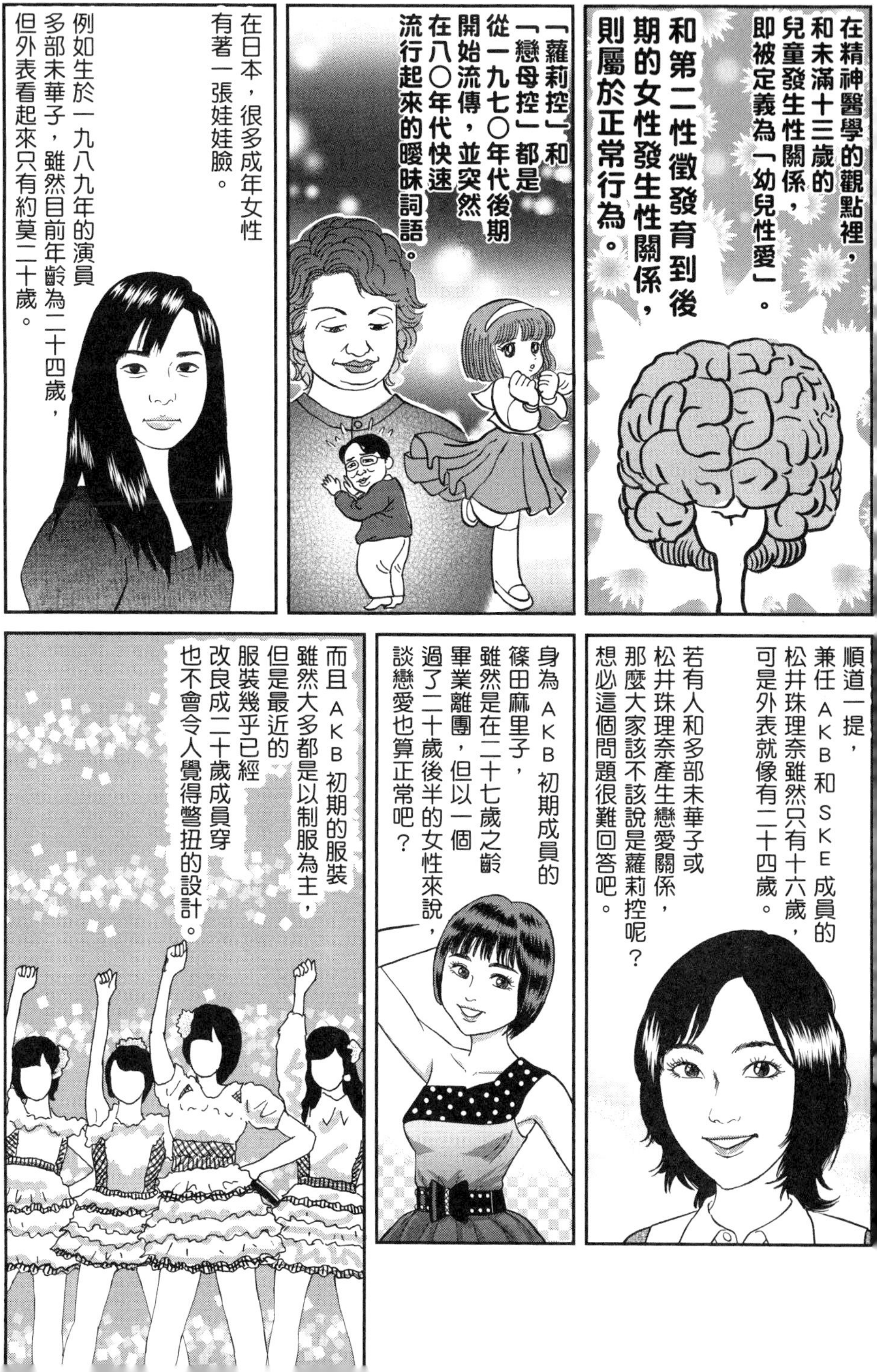
在精神醫學的觀點裡，和未滿十三歲的兒童發生性關係，即被定義為「幼兒性愛」。
和第二性徵發育到後期的女性發生性關係，則屬於正常行為。
「蘿莉控」和「戀母控」都是從一九七〇年代後期開始流傳，並突然在八〇年代快速流行起來的曖昧詞語。
在日本，很多成年女性有著一張娃娃臉。
例如生於一九八九年的演員多部未華子，雖然目前年齡為二十四歲，但外表看起來只有約莫二十歲。
順道一提，兼任AKB和SKE成員的松井珠理奈雖然只有十六歲，可是外表就像有二十四歲。
若有人和多部未華子或松井珠理奈產生戀愛關係，那麼大家該不該說是蘿莉控呢？想必這個問題很難回答吧。
身為AKB初期成員的篠田麻里子，雖然是在二十七歲之齡畢業離團，但以一個過了二十歲後半的女性來說，談戀愛也算正常吧？
而且AKB初期的服裝雖然大多都是以制服為主，但是最近的服裝幾乎已經改良成二十歲成員穿也不會令人覺得彆扭的設計。

HKT48的成員們雖然和制服很搭，但在我的眼裡看來最多只是像自家的小孩、孫子一樣可愛。
Boss
Team A成員的兒玉遙
哈魯P
小櫻花
美櫻
我的妻子雖然年過六十，但她也是HKT的忠實粉絲，常常期待電視節目裡能看到她們的演出。
有一次我向妻子提及北原美野里的主張，結果她回答：
在說什麼蠢話?!
由於日本社會有晚婚化的趨勢，使得那種大嬸沒有辦法發洩自身過剩的性慾。
其實只要趕快找個日本男性結婚就能解決問題了。但她卻偏偏把所有日本男性視為蘿莉控拒人於千里之外，再讓自己沉迷於韓國男性和情趣用品的幻想中。
韓國男性會討厭年輕女性，反而喜歡北原那種大嬸嗎?
想太多!
韓國流行音樂強行炒作的意圖太過明顯!
北原不過是被捏造出來的潮流牽著鼻子走而已
我認為她的想法實在是膚淺又沒價值。
既然這麼喜歡韓國，何不去韓國倒追肌肉男，早早捨棄日本呢?
既然不屑一顧，那又基於什麼樣的恨意，才會花時間發表唾棄日本男性的言論呢?
而且在那樣的儒教國家，女性情趣用品應該不好賣。
以性觀念開放的程度，日本才是會寬容對待女性情趣用品業者的地方!

雖然把迷戀ＡＫＢ的人當成「蘿莉控」是荒謬的指控，
可是在眾多ＡＫＢ粉絲當中，多少也有一些年過二十歲卻沒有實際求愛經驗，社交能力低弱的男人。
但那也不過是其中一部分粉絲而已。
ＡＫＢ超越了秋葉原宅文化的範疇，至今已獲得眾多小孩及大人粉絲們的喜愛。
演唱會上也有許多年輕女粉絲。
ＡＫＢ48式外套和蛋糕裙在小學女生的畢業典禮、入學典禮上也很受歡迎。
也因此ＡＫＢ48才有能力每個月前往災區表演，鼓勵小朋友們打起精神來。
以前山口百惠、櫻田淳子、森昌子合稱「花之三人組」。
不但深受當時大人們的喜愛，而且也沒有粉絲會被說成是「蘿莉控」。
從南沙織開始的偶像歷史算起，天地真理、麻丘惠、淺田美代子、松田聖子、中森明菜、小泉今日子等人，當時全都還只是國、高中生。
所以偶像的年齡偏低是很稀鬆平常的狀況。

雖說年輕人崇拜ＡＫＢ的景象已持續了好一段時間，但最近也時常聽說有女兒的爸爸們崇拜ＡＫＢ。
不過像我這種在「偶像」這種次文化下耳濡目染的大人，就不會用看待「女性」的眼光欣賞ＡＫＢ，而是用「偶像該有的樣子」來評論她們，並且從中得到樂趣。
「蘿莉控」和「戀母控」不過是八○年代開始流行的貶詞。
但在北原批評日本文化的文章中，居然能持續不斷看到這類易出現謬誤的字眼。
雖然文章號稱專業，但程度之低落就像網路上的信手塗鴉、謠言。
ニッポン スッポン ポン
北原みのり
日本是個器量狹小並充滿不實指控的「囉唆」國家。
我很疑惑那些討厭自身國家文化的抹黑者們到底有多大的心理壓力？
這樣的漫畫各位覺得如何？
其實我並不喜歡所謂的「韓流」。
雖然我對韓國部分電影、作品很感興趣
但還是無法喜歡韓國流行音樂和韓劇。
即便如此，我還是不想抹黑。
因為我完全沒有憎恨他們的理由。

專欄　小林善紀的宅男碎碎念 4

2012 / 12 / 12

十二月十一日，我擔任審查委員長，於「NicoNico」直播頻道進行「UGN（不背叛粉絲）48」成員的選拔審查會。

此審查會的目的是為了選出明年一年之間絕不背叛粉絲，並且會在演藝圈越來越活躍，進而成為傑出偶像的成員。

再加上秋元康所提供的歌曲銷售量數據，本活動將以銷售量破百萬者為對象，選出正式的「UGN48」成員。

在事前的協商當中，我從三十九名候選名單嚴選了十六名成員。另外，為確保直播中的選拔過程絕對公正、透明，所以我會直接採納觀眾們的意見，因此本活動的規矩可謂是前所未見的嶄新嘗試。

在明年一整年之內，即使粉絲對本活動遴選出的十六名成員不離不棄，也絕對不會因為醜聞的關係而受到打擊。

總之，此活動稱得上是空前絕後的偶像選拔大會。

那麼接下來，本文將開始發表十六名「UGN48」成員。

第1名 渡邊麻友 在平嶋夏海的訪談裡，那句「我還沒有原諒妳」可以證明她擁有身為正統偶像的專業態度，所以光是這點就很值得大家欽佩。我認為想成為「UGN48」的中心歌手，就必須要有這種風範和覺悟。

第2名 市川美織 最近她在「有吉AKB共和國」上，終於展現出自己的性感演技，表情之豐富著實令人讚嘆。我認為她肯定會成為明年最具大眾緣的偶像。

第3名 渡邊美優紀 對女人來說，討好別人是一種不變的道理，因為可以藉由這種方法輕鬆掌握男人的心情。然而美優紀也有很多女粉絲，因此她吸引人心的方式不是只有表面而已，還有足以療癒大眾的笑容。

第4名 松井玲奈 我覺得這個如夢似幻的美少女，或許有一天真的會成為女演員，而且還會飾演牡丹燈籠裡頭的阿露。到時樣子會和《格子花紋》裡的她不同。由她扮演阿露，肯定會是一位美若天仙的幽靈。而且我也很確定玲奈絕對擁有不背叛粉絲的個性。

第5名 山本彩 兼具鋼鐵般的美貌和纖柔自尊的完美人才。看到她英姿煥發的模樣，我認為她不但可以成為繼承大島優子的次世代中心歌手，而且我也敢斷言她和醜聞風波完全沾不上邊。

第6名 松井珠理奈 她是一位跳脫出偶像既定外貌的絕佳人才，加上青春無敵的反差感，在這兩者一拍即合之下，非常有可能爆發出極高的人氣。有企圖心的珠理奈，絕不可能和男人產生情愛糾葛。

第7名 島崎遙香 帕露露是個只要一說謊話，就會馬上被人拆穿的老實女生，所以我認為不會說謊就是帕露露的個人魅力。

專欄 **小林善紀的宅男碎碎念 4**

2012 / 12 / 12

第8名 兒玉遙 她就像古早著色本裡的可愛女生，我不只認為她會成長為美女，而且也是一個不會欺騙男生的人。

第9名 宮脇咲良 雖然她還是一個小孩子，但卻也是知性和感性兼備的少女。她那如同〈First Rabbit〉般的好奇心，蘊藏著極高的潛力。

第10名 田島芽瑠 許多人都不得不承認，她是一個不可多得的人才。而這也證明了博多確實是偶像的寶庫，因此我甚至還想把村重、秋梨、森保也列入排名之中。

第11名 加藤玲奈 小玲奈有著不輸給南沙織的偶像臉蛋，所以年紀比較大的人或許也會喜歡她這種類型的女生。

第12名 山田菜菜 深邃的輪廓加上老奶奶般的說話方式，這種反差下會讓人感到很有意思。由於她頗有親和力，因此她對於自己的粉絲可說是不離不棄。

第13名 小笠原茉由 雖然有人說小茉醜得可愛，但我倒認為這麼可愛的女生實在是世間少有。只要開始覺得她很可愛，就會全盤接受她的外貌。另外，小茉擁有詮釋出幽默性質的超群舞技，所以成為偶像後還能變得更引人注目。

第14名 古川愛季 她是聰慧的美女，而且也很會畫漫畫。由於我很能理解她很享受自己的興趣，所以大家擁護她準沒問題。

第15名 小谷里步 里步步雖然是一位美女，表現卻有一些蹩腳，不過我還是認為她很有潛力成為全國性的大眾偶像。

第16名 上西惠 她是一位如同昭和電影女演員的美女。若是她能在NMB好好地提昇知名度，就能對外宣告準備踏上女演員之路，然後再正式從AKB48中畢業。

雖然有人反應AKB48的老成員只占少數，但要是各位發現大島優子、高橋南、柏木由紀、小嶋陽菜、板野友美、篠田麻里子都沒有爆發過醜聞，肯定都會大吃一驚吧？

然而我一直有個疑問：她們雖然從小就待在AKB裡南征北討，但在發育上真的適用於禁愛令嗎？

當然，也有人會像麻里子一樣，即使到了三十歲還是想當偶像。雖然我對此感到欣慰，也很想聲援她們的志願，但身為粉絲的我還是會覺得自己是不是也該面對現實了？

而這正是舉辦「UGN48」成員的意義。本活動的目的就是為了熱心擁護AKB成員，卻又害怕被AKB成員背叛的宅男們。希望藉由本活動，保障各位宅男們的安心感。

這份名單中的所有成員絕對不會背叛粉絲！而我明年也會把AKB48選拔總選舉的票投給這十六位成員！

各位也儘管放寬心，好好地全面支持她們吧！

ゴーマニズム宣言
SPECIAL
態度！AKB48論
©AKS

第5章

難以忘懷 傳說中的Team 4

我第一次看AKB48劇場公演就是Team4的表演。
雖然這是應《週刊 Playboy》的要求而畫的作品，不過由於我比較支持咪喔琳（市川美織），所以那天又去訪問了Team4。
在畫關於AKB的作品時，我原本就打算用比較歡樂的型態來詮釋。
但刻意用這樣的風格，卻有反對分子未經許可將該作品放到網路上大肆抨擊。
根本是蘿莉控！好噁心！老不修！
いい年して気持ち悪りいなコイツ
ここまで落ちぶれるとはな。
ただのロリコンじゃねえか、
小林キモッ！！！！還暦のじじいのくせに
こいつ頭ヤバイ。終わってるな。
ひたすらキモいやつ
小林も終わった
雖然AKB48分為Team A、Team K、Team B…
但唯獨Team4是以剛出道的成員為主。
網路上的反對分子實在很沒幽默感！
我決定在本書裡再度刊載該作品。

我到秋葉原的AKB48劇場看了Team4的公演！
她們背負著未來AKB的招牌，堪稱偶像寶庫喔！
在狹小的劇場裡觀賞近在眼前的成員。
每個人的表情和情緒變化全都清楚可見。
讓人感受到電視上難以發覺的魅力！
你看看！帕露露（島崎遙香）跳起輕輕搖擺的節能舞，好可愛啊！
跟故障的洋娃娃一樣！
天真無邪又輕輕搖擺的模樣，實在很療癒！
輕輕搖擺輕輕…
杏仁（入山杏奈）充滿異國情調的雙眼真是正妹一枚
露出可愛小額頭的小玲奈（加藤玲奈）則有張典型偶像臉！
還有茄子（川榮李奈）的笑容就像蔬菜沙拉般清爽！
這三個人在指原莉乃的單曲〈懦弱的化妝舞會〉裡負責伴舞工作，合稱「杏李玲」。在該片的DVD影片特輯中，我這個反指原分子和本尊對談時也顯得非常緊張。
雖然我很喜歡Team4的所有成員，不過最近也發現自己很欣賞看起來中氣十足的島田晴香，以及有姣好身材的阿部瑪利亞。
瑪麗亞
晴香
朱里
華伶
中村
詩織
玲蘭
田野
竹內
竹內高挺的鼻樑看起來很有氣質。
還有華伶的雙唇，令人難忘。

最值得一提的就是我一直支持的咪喔琳(市川美織)!
從以前我就想到劇場裡看看咪喔琳。她就像小鹿班比般元氣十足地蹦蹦跳跳。我覺得她的小臉蛋一定只有我的巴掌大!
第一次看到她時,不由得心想:「這個少女根本不是地球上的生物!」
一寸法師嗎?
不對,是妖精!
一定是妖精沒錯!
咪喔琳說什麼話都很有趣。就算只是點頭回應別人,我也一樣覺得效果十足。
嗯嗯
啊!好像喔……
有一次成員們私下聊天,咪喔琳說了一句「Be quiet」,就讓觀眾們驚喜地發出讚嘆聲。
Be quiet!
ウオ————ッ
大家聊起「最近成熟許多」的話題……
前一陣子我自己到電影院看電影。
オオ——!※
即使電影螢幕上有字幕,我也還是看不懂呢。
ウオ——ッ!※
這哪裡成熟了?!
咪喔琳的頭雖然看起來像顆小豆子,但鐵頭功可是樂勝大叔喔!
哇呀~!
不過我爸爸說會變笨,要我別再這麼做了。
咪喔琳也說過一些不知所云的事,例如說自己會「暈坡」。
媽媽~
好多小香菇啊~

※喔!

※喔!

咪喔琳無厘頭的發言真的很有趣
在現場常常狀況外，看起來心不在焉。
如果你能理解這種笑點，那就代表你是個AKB通了！
喜歡天真無邪的妖精嗎？
快來看看咪喔琳吧！
我這次也有全新的發現。
那就是山內鈴蘭堪稱專業級的舞蹈！
她的舞蹈不但表現力豐富，同時相當性感！
所以我決定將鈴蘭放到個人支持排名的前幾名！
雖然大島優子的舞技也很厲害，不過鈴蘭的舞蹈實力更棒！
隨著我觀賞AKB48的次數變多，想支持的成員也越來越多。無論是SKE、NMB、HKT，都有我支持的成員。
不知道明年的選舉我又要買多少片CD了？
我離破產的日子不遠了!!
Team4準備在十一月解散，並且將原本的成員分配到TeamA、K、B。
雖然我反對，不過我想那些成員即使轉到了TeamA、K、B，也會持續進步。
敬請各位觀察她們成長的模樣吧！
她們即將成為傳說！
前Team4的成員們！我以後還是會繼續支持妳們喔！
咪喔琳，有找到檸檬嗎？

♡我有按照約定幫咪喔琳畫「藏起來的檸檬」喔。各位讀者是不是也找到了呢？（善紀）

專欄 小林善紀的宅男碎碎念 5

2013 / 03 / 17

看了咪喔琳（市川美織）所演出的「千本櫻」音樂劇。

雖然我對初音未來完全沒興趣，但故事裡有一個對革命抱持著幻想的二二六事件青年將校的角色，由於演員需要詮釋這種人物的內心糾葛，所以讓我特別感興趣。而在看過之後，我也覺得這齣音樂劇真的很有趣。

每位演員的音量都很大，朝氣蓬勃的模樣，實在是棒極了。

扮演初音未來的小石田（石田晴香）真的很厲害，她在劇中散發出充滿魅力的光芒。

還有咪喔琳這位地球外飛來的妖精偶像，光用可愛的動作就能演繹出如同小寵物般的角色。

咪喔琳本來就是一個可愛的女孩，再加上這次又有很多場面是她一個人站在聚光燈下，可以看出這齣音樂劇對她的重用。

咪喔琳！妳這次的表現真的很棒喔！

這一切真的要感謝劇場總監茅野勇先生，謝謝你讓咪喔琳有機會在劇中那麼活躍。

在音樂劇結束後，有人出聲叫住了咪喔琳，我一問之下才知道原來是咪喔琳的媽媽和奶奶！

這麼說可能會有不少粉絲大感震驚，不過咪喔琳的媽媽和奶奶真的是很普通的人！

雖然我以前覺得咪喔琳就像是地球不曾出現過的小動物，猜想咪喔琳會不會是從奶奶那一輩開始，就定居地球的外星人子孫。可是沒想到咪喔琳的媽媽和奶奶身高卻和一般人沒兩樣，就連臉蛋也是一般人的模樣。我想咪喔琳應該就是地球外的小妖精，突然用瞬間移動投胎到媽媽的肚子裡吧？

話說回來，咪喔琳的媽媽和奶奶真的好慈祥啊。咪喔琳啊！妳真的是在大家的疼愛下成長的喔！

2013 / 03 / 20

有一次我搜尋了網路新聞，發現帕露露（島崎遙香）在Google+上發表抗議：「有路人未經許可拍下我的照片，而且還上傳到網路上。」

由於藝人有繳納名人稅的義務，因此偷拍是一種於法不容的行為。

雖然這種事有法律作為帕露露的靠山，顯然是「毫無疑問」，但在網路社會裡卻還是有許多人毫無法律常識。

難道就因為有人可以用數位相機跟拍皇室家族，就代表現代社會的道德觀早已蕩然無存嗎？

而且帕露露本人完全沒有使用過推特，靠那張照片在推特上招搖撞騙就會有六萬人次的關注量。

真沒想到竟然有人敢做這種事。

難道要設置類似「網路警察」的單位，才能遏止這種惡質行為嗎？

而帕露露對此也在網路上發表「我要跟網路說掰掰了」的感言。

我想只要是有法律常識的人，都會對這種行為很不齒。

某些精神方面有問題的人只要一連上網路，就會完全喪失理智。我認為網路這種東西真是一種「發狂機」。

想來帕露露對網路敬而遠之也算是明智的選擇。

但話說回來，擅自拍攝他人照片，並且放到網路上是一種沒有常識的行為。就算是上傳到推特，也不可能完全無須負責任。

總之，我還是覺得要有類似「網路警察」的單位，專門負責這類犯罪行為。

由於帕露露是一個心智健全的女生，所以「鹽對應*」也算是非常正常的反應。

雖然大家都趾高氣昂地要偶像「多多討好」大眾，但我認為偶像有「鹽對應」的性格也沒有錯。

像我本身就很喜歡帕露露的「鹽對應」態度。

*鹽對應：偶像對粉絲沒什麼情緒反應，表情沒太多變化。

ゴーマニズム宣言
SPECIAL
態度！AKB48論
©AKS

第6章

偶像就是一種偏見

看SKE48在名古屋的劇場公演時，我在入口從松井珠理奈生日會的主辦人手中拿到螢光棒和說明書。
原來珠理奈已經要十六歲了啊。真了不起呢。
她十一歲時被秋元康選上，突然就成為〈大聲鑽石〉的中心歌手。
珠理奈不是娃娃臉型的女孩，反而擁有成熟女性的外觀。這種偶像可說是演藝圈裡的大革命。

生日會是由粉絲自行組織的委員會所發起的活動，而那位主辦人也是一位大家都放心的好青年。
好多年輕女性喔。
也有小孩子呢。
因為算是一般客層啊。
……就在我們討論的同時，美奈前面的位子出現了一個人……
清清楚楚、明明白白，就是個不・折・不・扣的宅男。
此時我和美奈不禁相視而笑……
呵呵……
人們也說我是個迷戀ＡＫＢ的宅男，而在一般人眼中我或許是個狂熱分子。
不過真要談起ＡＫＢ，我自認為自己徹頭徹尾都是個堂堂正正的紳士！
但眼前這個人卻是那種「任誰看了都會認為是宅男、光由外表就能判斷是個宅男」的程度。
話說，這位仁兄外型肥胖，感覺有些不可靠、沒威嚴，就像是年近四十卻還沒有戀愛經驗……
他當時就坐在美奈的正前方。

接著，他把外套脫下，墊在自己屁股下面。
毫不在乎地讓原本就很高的座位墊得更高。
公演開始時，AKB成員一跳起舞，這個人的兩隻手也像指揮家一樣，隨著在空中揮舞。
愉快的笑容下，仔細一看還能發現他不停地張嘴唱歌。
用少女般溫柔的神情，持續不斷地揮舞著雙手。
ぞぞぞ～～
※呃！
沒錯！他陶醉其中！正用雙手跳著舞！
想像自己也是AKB的成員～～!!

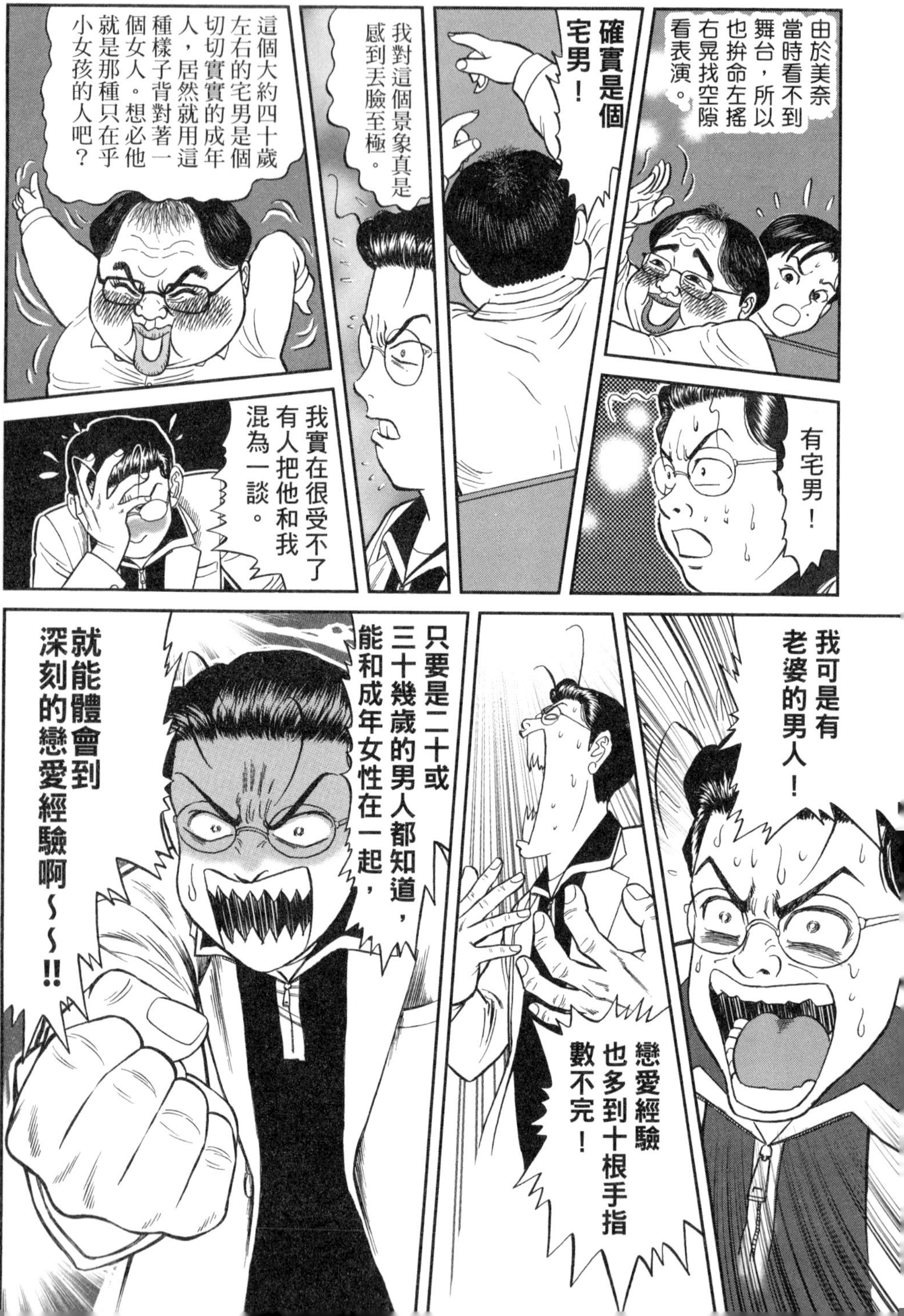
由於美奈當時看不到舞台，所以也拚命左搖右晃找空隙看表演。
確實是個宅男！
我對這個景象真是感到丟臉至極。
這個大約四十歲左右的宅男是個切切實實的成年人，居然就用這種樣子背對著一個女人。想必他就是那種只在乎小女孩的人吧？
有宅男！
我實在很受不了有人把他和我混為一談。
我可是有老婆的男人！
戀愛經驗也多到十根手指數不完！
只要是二十或三十幾歲的男人都知道，能和成年女性在一起，
就能體會到深刻的戀愛經驗啊～～!!

不對！千萬別和宅男劃清界限！
都是AKB粉絲啊！
我和他的差別就只有現實充＊與否而已啊！
既然都是深愛AKB的粉絲，那麼對待彼此就該像一家人一樣！
另外，小野惠令奈（飄飄）還是AKB成員時，有位記者這麼問她。
請問妳受得了年齡比自己父親大的人，在妳的面前不斷喊叫著「飄飄」嗎？
妳不覺得這樣很噁心嗎？
飄飄氣呼呼地回應⋯
學校的同學們也問過這類問題⋯但我其實不喜歡有人用這種方式形容支持我的粉絲。
我自己如果沒有粉絲們的支持，就沒有機會站在這裡。
既然有粉絲聲援我，那麼就算真的覺得不愉快，我還是會為他們打起精神，展開笑容。
這樣的回答實在令人感動。一個小女孩能說出這樣的話，反而令人覺得她比成年人還更懂得待人處世之道。

＊現實充：日本將年輕人分為「現實充」（リア充）及「網上充」（ネト充）兩種。前者現實生活充實，不用依賴網路社交。後者網路依賴，只在二次元世界尋求認同。

養育日本現代社會上近四十歲男人的正是團塊世代。
從團塊世代的這個族群開始，由於沒有經過戰爭的洗禮，因此在自由、平等、民主的風氣下當上了父母。
但他們卻無法讓自己的兒女接受磨練，使自己的孩子在寵溺下成長。結果就是讓日本社會產生了六十萬寄生在雙親之下的尼特族。
江戶時代有一種稱為「元服」的成年禮。
到昭和初期為止，還有徵兵制可以充作成年禮。
到了現代，成年禮的「嚴肅感」已消失殆盡。取而代之的是一大群人像是開宴會般地大肆喧鬧。
有人甚至將成年禮的地點選在迪士尼樂園等兒童場所，使成年禮完全失去「儀式」的意義。
這個人就是典型從小被父母寵到大，最後精神年齡沒有跟著成長的大叔。害怕與成年女性來往，只能直盯少女逃避現實。
如果有人罵他是兒童性犯罪者，我想也是在所難免。
不過真要罵，就該罵養育他們的雙親和時代的風氣才對。
最諷刺的就是他們眼前所看到的偶像，其實是一群身處極度競爭社會的求生鬥士！

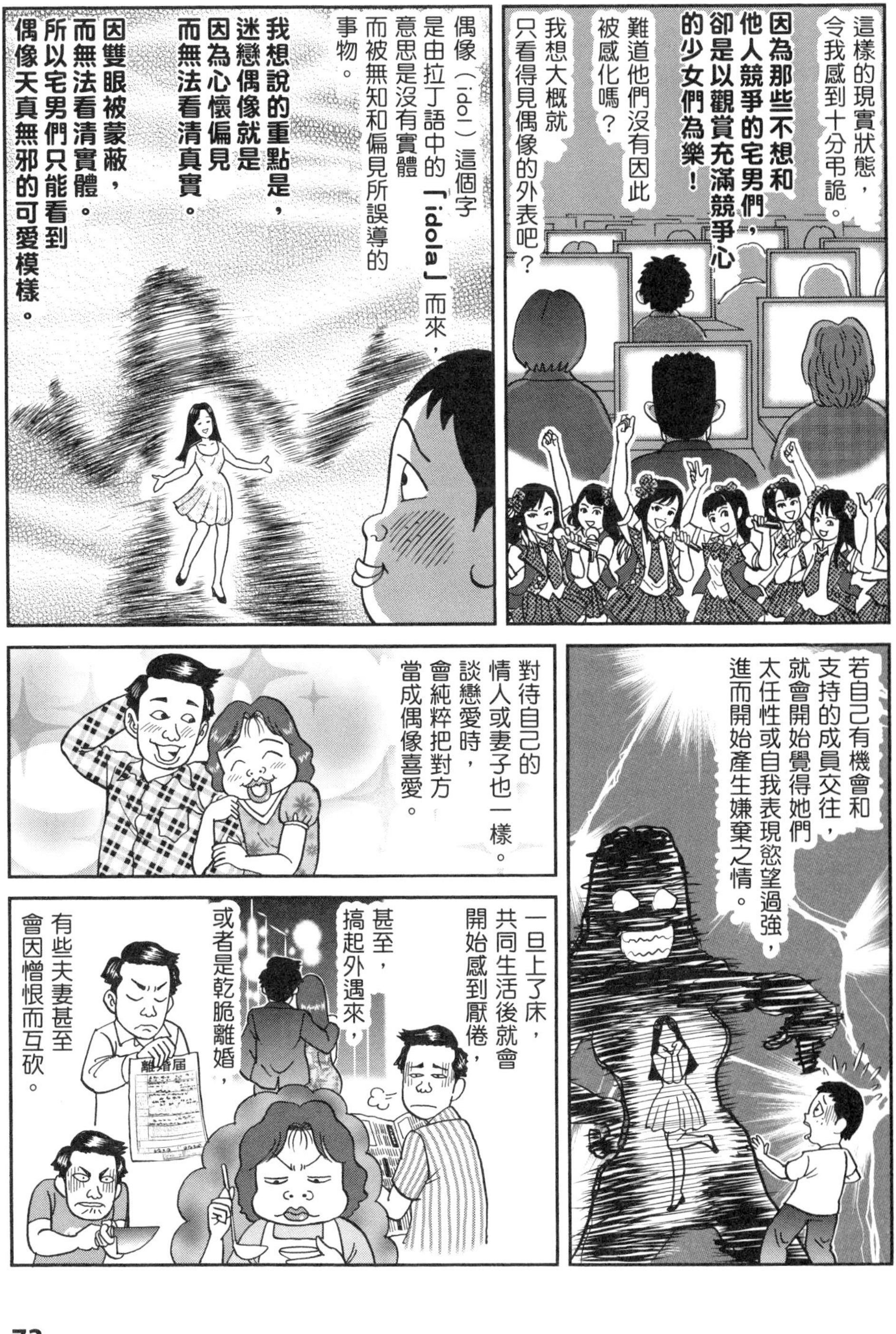

這樣的現實狀態，
令我感到十分弔詭。
因為那些不想和
他人競爭的宅男們，
卻是以觀賞充滿競爭心
的少女們為樂！
難道他們沒有因此
被感化嗎？
我想大概就
只看得見偶像的外表吧？
偶像（idol）這個字
是由拉丁語中的「idola」而來，
意思是沒有實體
而被無知和偏見所誤導的
事物。
我想說的重點是，
迷戀偶像就是
因為心懷偏見
而無法看清真實。
因雙眼被蒙蔽，
而無法看清實體。
所以宅男們只能看到
偶像天真無邪的可愛模樣。
若自己有機會和
支持的成員交往，
就會開始覺得她們
太任性或自我表現欲望過強，
進而開始產生嫌棄之情。
對待自己的
情人或妻子也一樣。
談戀愛時，
會純粹把對方
當成偶像喜愛。
一旦上了床，
共同生活後就會
開始感到厭倦，
甚至，
搞起外遇來，
或者是乾脆離婚，
有些夫妻甚至
會因憎恨而互砍。

既然越來越多宅男將偶像當成虛擬戀愛對象，那麼我認為日本最好盡快實施徵兵制度，使日本成為一個有勇氣正視死亡的國家！

我覺得宅男們迷戀偶像不是一種罪過。
將政治家視為偶像，因為「偏見」而無法看出政策真假的媒體、菁英分子、社會大眾反而比宅男更糟！

這樣的漫畫各位覺得如何？

某種層面上來看，很多迷戀偶像的宅男其實都知道這一切都是假象。
但許多迷戀政治的大眾才是真正的笨蛋，因為他們無法認清政治家主張的政策是一種幻想！
誤導國家的媒體、大眾比迷戀偶像的宅男更加惡質！

專欄 小林善紀的宅男碎碎念 7

2013 / 03 / 20

正如我在《BUBKA》雜誌所預測的，HKT48的〈喜歡！喜歡！小跳步！〉銷售成績旺得不得了。

可是昨天我跟祕書說自己打算去買這張CD時，她卻勸我不用那麼急。因為唱片行不可能會在發售的前一天搶先開賣。

結果正式發售的當天，到第一間唱片行時，卻發現已經賣到一片也不剩！完全就是缺貨狀態！

我竟然會遇到這種倒楣事！就說過我一定要三種版本都買齊的啊！

接著我又逛到六本木的唱片行看看，結果也是一樣賣光光！事情怎麼會發展成這般地步啊？所以我那時下了一個決定，那就是如果我今天一片都買不到，絕對要祕書剃光頭謝罪!!

於是我下命令：「快打電話到涉谷的淘兒唱片行！要是他們還有貨就要他們多留幾片！」

果然不出我所料，幸好他們還有現貨！

「Yes！那我先吃點東西，吃完後就會去涉谷買CD囉！」

終於在第三間店買齊三種版本！

那時也有買到乃木坂46的〈你就是希望〉。這不但是生駒很喜歡的一張唱片，而且還是首百聽不厭的名曲。

HKT48完全不需要我擔心，因為她們可以說是人才濟濟、各種特色皆有的偶像寶庫。

她們就是這麼一個人氣不斷攀升的團體。

現在想來，拉普糖（多田愛佳）移籍到HKT48還真是明智的選擇。而且拉普糖最近看起來越來越有魅力了！

我說HKT48的女孩們啊！妳們可以不用考慮成為區區的AKB候補成員，因為妳們已經有超越AKB的實力了！

希望HKT48也舉辦選拔總選舉，然後將AKB的女孩們加進來當選拔成員，那想必一定可以獲得空前的壯大！

2013 / 04 / 02

雖然我原本是說要出去旅行，不過我在福岡跑去看NMB48演唱會的事還是被大家發現了。

那場演唱會讓我很開心。不只場內十分熱鬧，連女粉絲也是滿坑滿谷，現場甚至還有粉絲Cosplay成〈妄想女朋友〉的樣子。

NMB的歌曲滋潤了我的身心，她們有許多很好的音樂。

當時渡邊美優紀（美優紀）將自己的頭髮盤起來，我認為這個造型看起來非常適合她。

說起美優紀的拿手歌曲，當然就非她的〈Waruki〉莫屬了。

她也唱了〈為了麻友〉這首原本只給麻友友演唱的曲子，我光是聽到這兩首歌就覺得值回票價。

雖然我並沒有特別喜歡〈蟋蟀人〉，不過在今天第一次聽到後，反而覺得意外地好聽。

當時唱這首的成員是不是里步步（小谷里步）、吉田朱里、門脇佳奈子？

因為她們和觀眾席的距離相隔太遙遠，所以我看不太清楚是誰。

身在現場卻無法看清演唱者的樣貌，實在是一大困擾啊。

由山本彩（彩姊）獨唱的〈Jungle Gym〉雖然也很悅耳，但我更喜歡〈青春的Lap Time〉。

因為彩姊的歌聲既帥氣又活潑，回到家後我甚至還反覆聽上好幾遍。

不知為何，山田菜菜說話的方式聽起來很滑稽，讓我忍不住笑了出來。

還有唱〈西瓜Baby〉的小笠原茉由（小茉）。我覺得她可愛的程度已經凌駕於許多人之上。

光是看到小茉的舞蹈和表演能力，我整個人都開心得快要飛起來了。

我在後台稱讚小茉的演出時，她回答：「沒有啦，那只是故意裝得很做作而已。」

怎麼這樣說呢？

還真是個怕羞的女孩呢～

真的是越來越可愛了。

ゴーマニズム宣言
SPECIAL
態度！AKB48論
©AKS

第7章

花錢的未必就是大爺

AKB有各種粉絲。有些粉絲很團結，會在劇場內同時高喊安可，甚至也有人對AKB的初期成員不離不棄始終支持。
アンコール！
アンコール！※
但是其中也有人會因為太過支持自己喜歡的成員，而憎恨起該成員的競爭對手，並且惡意抹黑。這些粉絲的存在實在叫人感到美中不足。

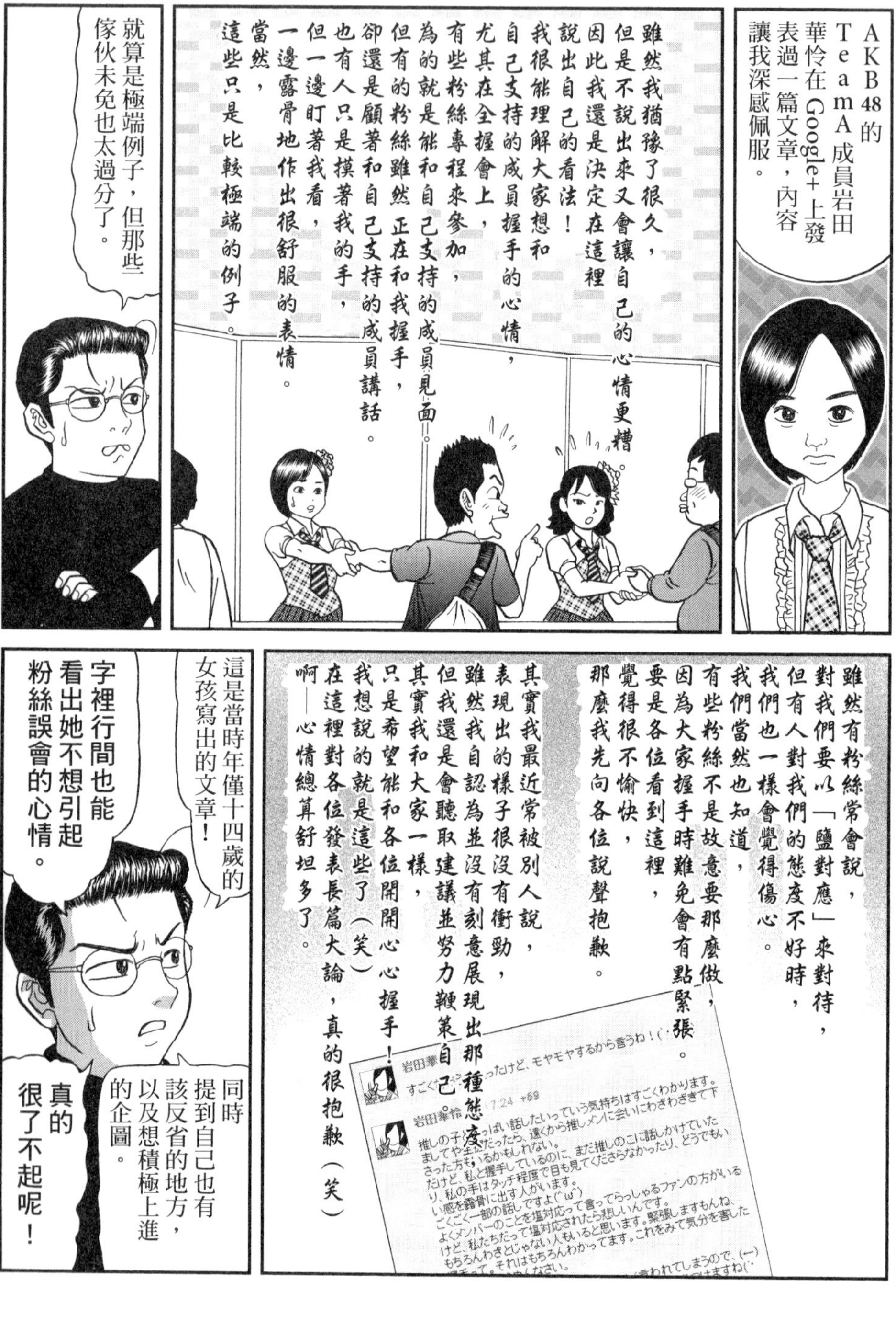
AKB48的TeamA成員岩田華怜在Google+上發表過一篇文章，內容讓我深感佩服。
雖然我猶豫了很久，但是不說出來又會讓自己的心情更糟。因此我還是決定在這裡說出自己的看法！我很能理解大家想和自己支持的成員握手的心情，尤其在全握會上，有些粉絲專程來參加，為的就是能和自己支持的成員見面。但有的粉絲雖然正在和我握手，卻還是顧著和自己支持的成員講話。也有人只是摸著我的手，但一邊盯著我看，一邊露骨地作出很舒服的表情。當然，這些只是比較極端的例子。
就算是極端例子，但那些傢伙未免也太過分了。
雖然有粉絲常會說，對我們要以「鹽對應」來對待，但有人對我們的態度不好時，我們也一樣會覺得傷心。我們當然也知道，有些粉絲不是故意要那麼做，因為大家握手時難免會有點緊張。要是各位看到這裡，覺得很不愉快，那麼我先向各位說聲抱歉。其實我最近常被別人說，表現出的樣子很沒有衝勁，雖然我自認為並沒有刻意展現出那種態度，但我還是會聽取建議並努力鞭策自己。其實我和大家一樣，只是希望能和各位開開心心握手！我想說的就是這些了（笑）在這裡對各位發表長篇大論，真的很抱歉（笑）啊——心情總算舒坦多了。
這是當時年僅十四歲的女孩寫出的文章！
字裡行間也能看出她不想引起粉絲誤會的心情。
同時提到自己也有該反省的地方，以及想積極上進的企圖。
真的很了不起呢！

岩田華怜在NHK的震災重建廣告裡所扮演的角色相當有趣。她將自己的感情灌注在漫畫的台詞當中，這點讓我留下深刻的好印象。

文章說的「全握會」指的就是全國握手會。
雖然我從不參加握手會，不過我知道那是ＡＫＢ成員們排成一列，讓粉絲們依序和多數成員握手的活動。
據說有的粉絲看到不喜歡的成員時，甚至會完全不握手，直接無視地走過去。
換句話說，有些粉絲非常沒禮貌！
這篇文章放在網路上時，確實有許多網友同意華怜的看法，但令人驚訝的是反對派也不在少數。
現在是對消費者抱怨的時代嗎?!
強迫推銷顧客不想要的「贈品」，現在居然有臉說這些話！
這就是商人該提供的服務！
即使是被痛罵或痛毆，也都要給我咬牙吞下去!!
出來賺錢走跳，總是要還的！
我們可是你們的客戶喔！
像這樣，主張「花錢的就是大爺」的傢伙非常多。

他們認為…我可是消費者，而你想賺的就是我的錢。所以一定要知道顧客至上的道理！這種「花錢買地位」的觀念是打哪來的？
這就像是在表達自己身為消費者，就等於擁有為所欲為的權力。
假設這是一個窩在家啃老不工作的笨兒子，拿了雙親的錢買下ＡＫＢ的ＣＤ後…
消費者最大！
花錢就能侮辱身為生產者的秋元康與身為商品的偶像們!!
身為生產者和商品就不要多廢話！
口沫橫飛，理所當然。
許多人在自詡為消費者時，會認為自己是掌控一切的成熟社會人士，覺得自己是心智成熟的人。
而「顧客至上」這句話，也促使生產者或服務業謙卑地討好顧客，
最後讓消費者產生了只要有「購買」行為，就能成為行使權力者的錯覺。
還有一旦被別人糾正沒禮貌的態度，甚至會反過來囂張地反駁。
你們自己少說兩句就行了啊。又不是不能裝作沒看到。
而且還不是因為你們有些成員自作孽。

更過分的是，有人還會故意針對ＡＫＢ成員，
面不改色地大放厥詞，教訓她們沒有受過專業訓練。
覺得宅男麻煩就算了，不要連支持者也覺得麻煩。粉絲們會離妳們遠去喔。我理解妳們不甘心的心情，但勸妳們省點力氣別寫這種文章，有空就多反省自己吧！博取同情不會進步的！
高橋南說得沒錯，想進AKB的人多的是。
別以為打著AKB的名號就能受到眾人支持，我看妳們還是好好把握自己身處於AKB的機會吧。
我想問問這些傢伙在社會上又有什麼成就？
到底有什麼資格講這些大話？
光看這種在網路上教訓十四歲女孩的態度，就能知道他是什麼樣的貨色！
雖然還有一篇用囂張態度說教的例子，不過在其中我又發現到一個重要的訊息。
想想那些打工發傳單的人吧，他們就算在街上被別人忽視還是會面帶微笑繼續工作喔。還有大島優子在人氣不高的時候，也會抓住不理她的宅男說：「我是大島優子！請多多指教！」最近不懂工作規矩的小鬼越來越多了呢。
在看了這篇文章後，我反而欽佩起大島優子。
像優子這種深富服務精神，並且兼具堅忍毅力的偶像算是很難能可貴了。

既然舉出這個社交能力較高的成員作為例子，還一邊教訓岩田華怜是個「不懂工作規矩的小鬼」，那我倒想反問那些人是否擁有大島優子般的高超社交能力？
再說發傳單的打工族和路人的關係，跟偶像和粉絲的關係並不一樣，只有蠢蛋才會混為一談！
AKB成員並不單是把握手會視為「工作」！
成員們為了能盡量和粉絲「交流」，會持續站上好幾個小時，一個接著一個和每個人握手！
並不是為了「交流」而隨便做做，交差了事的例行工作。
而AKB的成員們，尤其是岩田華怜那一型的女孩是不可能從中賺取大筆利益。
之所以會親臨握手會現場，就是她們基於善意並且想親切地和粉絲們「交流」。
人和人之間的溝通，最重要的就是「禮貌」！
在以善意為基礎的溝通裡，最不允許的就是沒禮貌的舉動。
一個人想要在社會上立足，這種觀念是很理所當然的常識。

AKB48的概念基本上就是「能見上一面的偶像」，因此成員們必須經常接觸一些「人格發展尚未成熟」的人。
8F AKB48劇場
近年來日本家庭、地區等社群關係有崩毀的趨勢，因而開始出現許多人格不成熟的人。
網路上也隨處可見這種人的存在。
在學校各班級裡，也有些男孩比較沒有人緣，社交能力也不夠好。在完全不受歡迎的情況下，幾乎無法和班上的女孩打成一片。
然而在握手會上，這些人緣不夠好的男孩能和比班上女孩還可愛的偶像見面，甚至可以彼此帶著微笑親切地聊上幾句。
握手會就是這麼一個奇蹟般的場所！
握手會能幫助人緣不好的男孩提昇和女孩溝通的能力。
就算是說話技巧不靈光、在班上總是被女孩當成傻瓜的男孩，只要一到了握手會，偶像們也會親切地歡迎並且熱烈寒暄。
透過熟記偶像們的名字，若是能讓自己漸漸產生自信心，說不定在和班上女孩講話時就能自然地互相交談。

從這一點看來，
AKB成員對
社交能力不好的男孩來說，
就像是讓自己
產生自信的聖母！
當然AKB的粉絲不是只有
社交能力差的男孩，
也有型男帥哥。
那些型男想必都不會
對成員們展現出失禮的態度。
會做出失禮
舉動的絕對都是
上不了檯面的醜男！
傷害那群純真少女的
就是只會
龜縮在家裡的醜男！
若是粉絲們能保持禮儀，
成員們就會在
Google+上開心留下
「今天的握手會
很愉快喔！」之類的感言。
據說在「AKB48
選拔成員總選舉」正式開始前，
也有粉絲會在握手會上
鼓勵AKB成員。
請相信
妳的粉絲。
我們會支持妳。
在AKB48激烈
競爭的運作體制下，
「握手會」是一種
會直接顯示出自己
擁有多少粉絲的嚴苛試練場
因此部分成員必須
正視自己的
排隊人數太少的現實。

前NMB48的Team N成員・篠原栞那在自己的畢業公演發表了一段感言。
在我入選為Team N後，握手會上一直有人否定我身為Team N成員的身分。
「妳憑什麼待在Team N。」
「別人比妳更適合成為Team N的成員。」
「只要有妳在，Team N的素質就沒辦法提升。」
這些事真的讓我很難過，懊惱自己為何能夠一直升級…
但就算我這麼想，也無法讓自己更進步，所以我還是不會為此向對方道歉。
不過，各位已經讓現在的我產生了自信，因此我覺得自己能進入Team N是一個超棒的經驗。
我懷疑逼這個孩子畢業的原因，會不會就是部分惡質粉絲的騷擾？
要是粉絲們不保持「禮貌」，不為成員打氣，那麼「能見上一面的偶像」這個概念就只能崩潰了！

千萬別助長「花錢的才是大爺」的觀念。
社交上，每個人都必須有要遵守的禮儀。
消費者的身分並不代表可以提出強人所難的主張。
偶像不單只是一種商品。
是獨立自主的人格！
我要再度強調，偶像不單是商品！
也不是只會埋頭工作和賣弄才藝。
她們是一群被賦予夢想和希望，並且發現自身使命的重要存在。
粉絲身為消費者沒有絕對的權力。
AKB成員要是被怒罵，最好是直接回嘴。
沒義務處處討好粉絲！

這樣的漫畫各位覺得如何？
我由衷地佩服少女們
那份純粹的心靈，
因為這讓她們受到傷害
也能不懷憎恨地重新站起來。
在現在這個
充滿競爭的社會裡，
這些毫不驕縱，
能在交流裡
找到愛的少女們，
就是我唯一能看到的希望。

專欄 小林善紀的宅男碎碎念 9

2013 / 04 / 07

聽說AKB48的秋元才加還沒有在選拔總選舉成為候選人，就已經先畢業退團了。

其實我以前觀賞她的表演時，總是覺得她的舞蹈、歌唱、演技完全沒有表現出企圖心，老是在擔心她以後應該不會有問題吧？雖然後來這個預感真的成真，但聽到消息時還是覺得扼腕。

才加如果要用職業摔角手來比喻，就像是有實力卻欠缺表現能力的藤原喜明。

就算不斷有可愛的女孩加入團隊，以及總選舉裡的排名不斷往下掉，我認為才加只要用點心，拿出真本事，最後一定可以得到勝利。

在Unit祭上，她以一首〈蟲之敘事曲〉來回饋粉絲。我那時對她說：「實在是唱得太好了。我都感動到快要哭出來了。」她回答：「那就送我早安優格吊飾當獎勵吧。」

所以下次見面時，我打算帶著吊飾和畫上《茶魔小少爺》的簽名板過去。

唉…今天這個日子，感覺還真是落寞啊。

ゴーマニズム宣言
SPECIAL
態度！
AKB48論
©AKS

第8章

歌曲和偶像，死了都要愛！

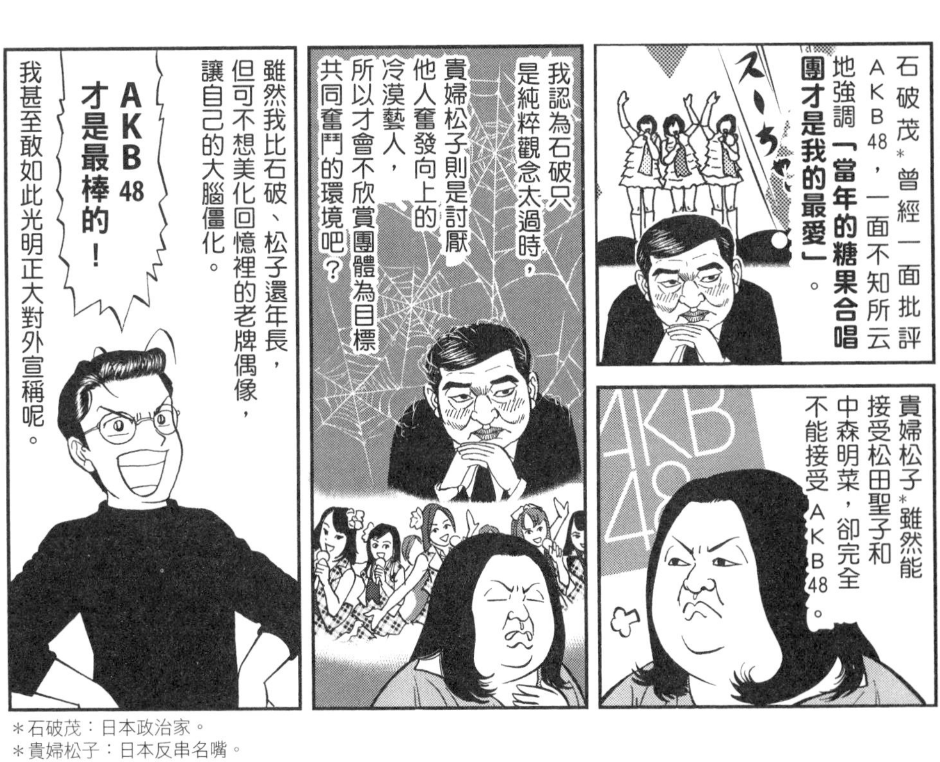
石破茂*曾經一面批評AKB48，一面不知所云地強調「當年的糖果合唱團才是我的最愛」。
貴婦松子*雖然能接受松田聖子和中森明菜，卻完全不能接受AKB48。
我認為石破只是純粹觀念太過時，
貴婦松子則是討厭他人奮發向上的冷漠藝人，
所以才會不欣賞團體為目標共同奮鬥的環境吧？
雖然我比石破、松子還年長，但可不想美化回憶裡的老牌偶像，讓自己的大腦僵化。
AKB48才是最棒的！
我甚至敢如此光明正大對外宣稱呢。

＊石破茂：日本政治家。
＊貴婦松子：日本反串名嘴。

我第一次聽到「偶像」這個詞，是因為小學六年級時看了雪兒薇・瓦丹的電影《Cherchez l'idole》（一九六四年）。
當時我還經常向嬸嬸借唱片來聽。
45RPM
VICTOR
アイドルを探せ
LA PLUS BELLE POUR ALLER DANSER
唄)シルヴィ・バルタン
SYLVIE VARTAN
雪兒薇的歌聲好棒喔。
好歌。——♡
偶像風潮開始在日本出現後，一九七一年我就立刻迷上了南沙織。
看起來真像城市裡的女孩。
難道沖繩就像夏威夷嗎？
我也很喜歡天地真理，她當年剛出道時也很受歡迎。
雖然是圓胖型的可愛女孩…不過聲音正對我的胃口。
後來又有麻丘惠、陳美齡、淺田美代子、櫻田淳子、山口百惠、糖果合唱團。當時，這些人都非常受歡迎，其中我最喜歡的當然就非百惠莫屬了。
あなたに女の子のいちばん※
嗯，真是既迷人又有女人味呢！
一九七五年時，岡田奈奈可愛的模樣讓我為之驚豔。
竟…竟然有長相如同娃娃般完美的女孩！
若要論外表，我認為這世上沒人贏得過岡田奈奈！

※ 將女孩最寶貴的東西獻給你…

時至今日，小泉今日子和藥師丸博子還在 NHK 晨間劇《小海女》裡演出，不過我認為她們到現在還是一樣可愛！而且兩人的唱歌功力仍然沒話說，尤其是小泉唱〈潮騷的回憶〉時，歌聲非常悅耳動聽！還有菊池桃子也是位大美人，就算是現在，我也想跟她交往看看！

一九七六年，我成了當紅偶像粉紅淑女的忠實粉絲。
我當時是馬上迷上她們。
後來阿久悠的新曲一一推出，我覺得他的創意概念和秋元康為ＡＫＢ所作的新曲很類似，都有一種樂在其中的感覺。
SOS
カルメン'77
ピンク・レディー
UFO
サウスポー
時間來到一九八〇年，松田聖子、河合奈保子、柏原芳惠、中森明菜、小泉今日子、早見優、堀智榮美、菊池桃子等人各自嶄露頭角，也全都正對我的喜好。
因為我打從以前就是ＤＤ粉絲（任何人都支持的粉絲）。
秋元康從一九八五年開始，就試著成立過小貓俱樂部這一類偶像團體，不過我當時卻是完全沒興趣。
但在工藤靜香單飛後，我便愛上她的歌聲及歌曲。
おニャン子クラブ
一九九〇年代，淳君成為早安少女組的製作人，自從聽了正式出道曲〈早安咖啡〉後，我就深深喜歡上她們。
モーニングコーヒー
モーニング娘。
接下來，偶像開始變得不那麼受矚目。
雜誌封面和寫真集也不再以歌手為主，完全變成波霸偶像當道的局面。

想當初，我在唸高中時正好處於民歌流行時期，當時我邊彈吉他邊唱民歌的模樣很受女孩歡迎。
甚至還自編自唱，為的就是讓自己喜歡的女孩多看我一眼。
你的眼眸中～
只有回憶～
另外，甲斐祥弘*是我的國小、國中、高中同學。
到了高中時我們成了同班同學，我才親眼見識到甲斐驚人的才華。
沒想到左撇子能彈得這麼好。
我也和妹妹、朋友一起組過樂團，參加了地方電視台舉所辦的海選試鏡活動。
但在現場直播的環境下，我因為不習慣攝影棚內的氣氛而忘詞。從歌曲的後半開始，就只能即興演唱。
啦啦啦
嚕嚕嚕
嗯嗯嗯
啦啦啦
啦啦啦
結果整個表演變得七零八落。
啦
嚕
啊嚕
啊
嚕
嗯
啦
啦

*日本樂壇老將

禮拜一早上踏進校門時，就遇到讓自己覺得很尷尬的情況。
我在電視上看到小林同學～
你會不會出道啊？
真的太厲害了，居然能上電視唱歌耶！
我也看到了喔！小林～
這些傢伙難道不知道我當時忘詞了嗎？
還是他們其實故意諷刺我？
那首歌可不是〈拂曉晨吟〉*耶！
唉⋯真想找個洞躲進去⋯
好想離家出走⋯
呱——！
呱——！
樂團就此解散！我只能乖乖放棄成為歌手的夢想，因為我確定自己完全比不上甲斐的才華。

＊〈拂曉晨吟〉：以哼唱為主的歌曲。

我大學時期，有一個叫作「明星誕生！」的電視節目，陸續捧紅了山口百惠、櫻田淳子…等偶像、歌手。
スター誕生！
當時我打算利用「明星誕生！」讓自己的妹妹進入演藝圈，於是我們就一起練習偶像岡崎友紀的歌曲〈不要說再見〉。
再見~
再~見~
這邊再表現哀傷一點！
通過預賽後，妹妹總算能順利上電視節目表演。
妹妹就這樣在眾人面前唱歌。
太好了！這下我可以準備當經紀人賺大錢啦！
也要負責作曲。
可惜那時評審的評論卻……
妳還是回家當個過普通生活的千金小姐就好了啦。
啊?!
也許是因為妹妹顯露出毫無企圖心的平凡感吧？
總之，我想當偶像經紀人的夢想就這麼破滅了。

我二十二歲時在《少年ＪＵＭＰ》週刊誌上出道，自從二十三歲連載《東大一直線》後，便立刻獲得大家的支持。
就在我二十四歲時，以〈胡椒警長〉出道的粉紅淑女受到大眾矚目。
這…這實在是太可愛了！
她們散發出前所未有的威力！
之後我邀請粉紅淑女為《東大一直線》的單行本第五集寫推薦文！
東大一直線
ミーとケイも
東大くんのファン!?
ピンク・レディー
由於粉紅淑女也深受小朋友的喜愛，因此該集單行本大熱賣！
仔細想來，我從年輕時就有一個觀點，那就是「偶像就該有偶像的樣子」。看著偶像也沒有想過要「見上一面」和「談戀愛」。
比起把偶像當成虛擬戀愛對象，我反而比較熱衷於和身邊的女朋友交往。
當然，我以前也很注意粉紅淑女的小美，她的美腿也曾令我小鹿亂撞。
如果要看情色內容，我則比較喜歡看色情雜誌的寫真女郎。

看待偶像時，我就像是以「眼光」在鑑賞陶器、古代藝術般，只是想分析偶像的魅力。而且我還很羨慕秋元康那樣的人。
我本來無法理解秋元康所看中的女孩究竟有何魅力，都是等到漸漸瞭解後才會感到相識恨晚。
一九八六年，《快樂快樂月刊》開始連載《茶魔小少爺》，當時也獲得了極大的好評。一九八九年後，這部作品決定播出電視動畫版。
後來又過了一陣子，動畫版即將更換片尾曲之際，我的野心又再度萌發。
因為我那時非常喜歡青春偶像本田理沙，於是我直接跟朝日電視台的導播洽談合作事宜。
接著我便開始當起作詞者，就連本田理沙所演唱的歌曲中，也有我親自作詞的作品。
嗯~
嗯
好！
但天不從人願，我的歌詞不但不紅，就連本田也退出了演藝圈。我想成為偶像製作人的夢想就在此時宣告失敗。

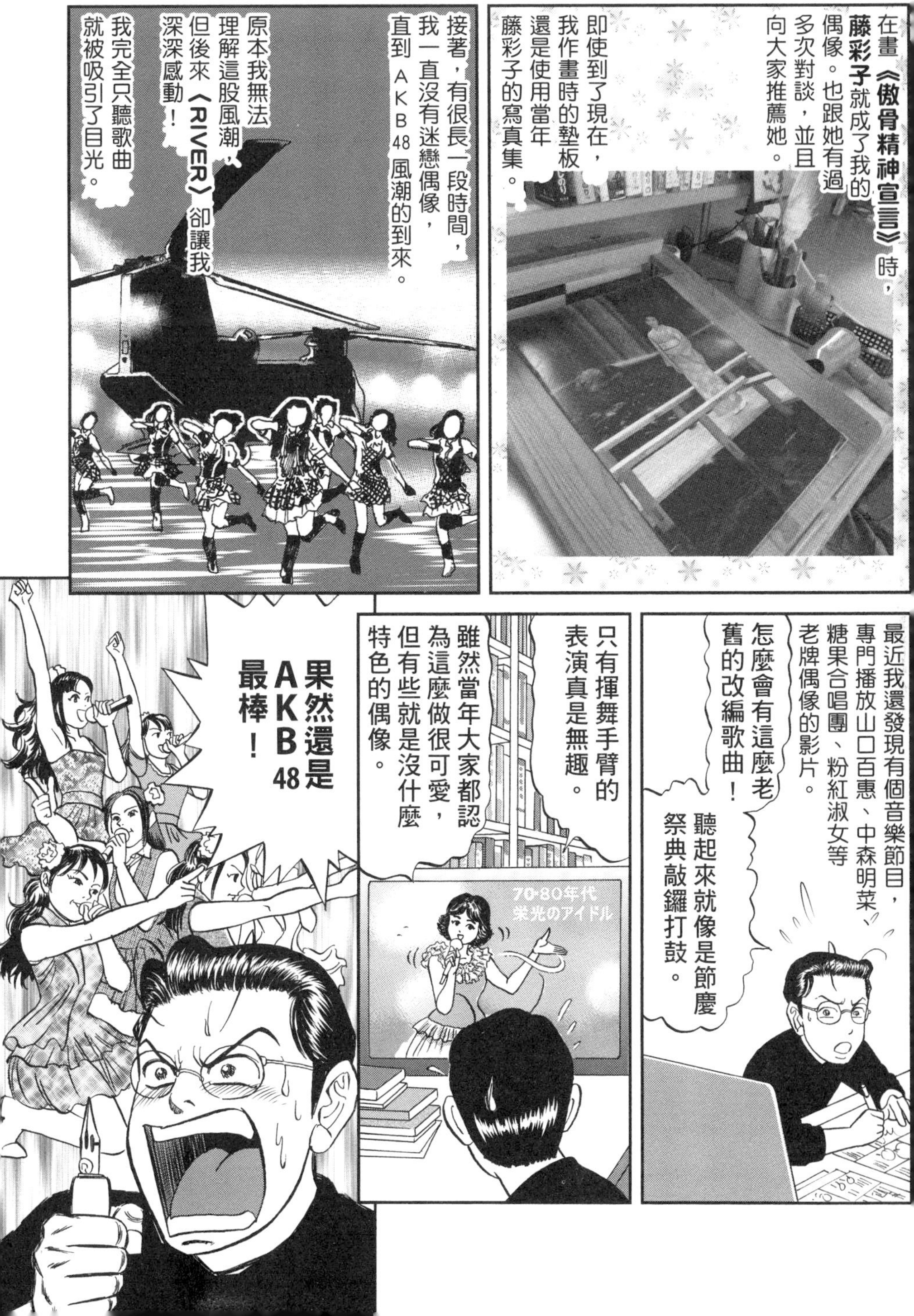
在畫《傲骨精神宣言》時，藤彩子就成了我的偶像。也跟她有過多次對談，並且向大家推薦她。
即使到了現在，我作畫時的墊板還是使用當年藤彩子的寫真集。
接著，有很長一段時間，我一直沒有迷戀偶像，直到ＡＫＢ48風潮的到來。
原本我無法理解這股風潮，但後來《RIVER》卻讓我深深感動！
我完全只聽歌曲就被吸引了目光。
最近我還發現有個音樂節目，專門播放山口百惠、中森明菜、糖果合唱團、粉紅淑女等老牌偶像的影片。
怎麼會有這麼老舊的改編歌曲！
聽起來就像是節慶祭典敲鑼打鼓。
只有揮舞手臂的表演真是無趣。
雖然當年大家都認為這麼做很可愛，但有些就是沒什麼特色的偶像。
70·80年代
栄光のアイドル
果然還是AKB48最棒！

老牌歌手要上懷舊音樂節目時，為了維持以往形象，會去染黑頭髮、化濃妝、幫鬆垮的皮膚打美容針，但他們拚命裝年輕的樣子反而讓人感傷。

我的母親是冰川清志的大粉絲。
為了看演唱會，她不惜花掉全部的積蓄，也要追著清志在日本各地跑。
最近她還跟我再三強調，
我的錢快花光了。
你的錢我全都能花吧。
妳其實打算多活幾年，好好敲我一筆對吧?!
她以前最喜歡的是五木寬和森進一，成了老奶奶後還是喜歡聽年輕人唱演歌。
清志！
關於這點，我很能理解母親的心情。
當歌手年老後，即使演唱功力十分了得，但只要看到長相就會使浪漫情懷消失無蹤。
就算演唱功力再怎麼厲害，還是讓人有太過刻意的無力感。甚至會使人感嘆年輕時的唱腔應該會好上許多。
愛聽歌的人就算變老，也還是喜歡朝氣蓬勃並且充滿生命力的歌聲。

我很喜歡AKB的歌曲，因為歌詞裡的「僕」讓人覺得很男孩子氣，所以由男人演唱也不會不協調。
在「NicoNico」動畫直播頻道裡，我也會一邊彈吉他一邊和觀眾開心地聊著AKB的大小事。
我想我到死都會熱愛歌曲和偶像吧?!
這樣的漫畫各位覺得如何？
AKB48是我這一生當中最崇拜的偶像！
AKB48才是最棒的！

專欄 小林善紀的宅男碎碎念 10

2013 / 04 / 27

電視台以「卡哇伊」為標題，幫HKT48在武道館的公演開了一個特別節目。

節目開演時，我突然以為自己看到一群小白兔，而且還整齊劃一地跑上舞台。

她們唱完〈因為喜歡你〉…等數首歌曲後，中場休息時間，我發現自己的眼睛、腦袋早就開始發燙了。

對我這個膝下無子的人來說，在武道館看到故鄉的博多之子風光上台表演，就如同看到吾家有女初長成一樣，當時我的內心感激之情油然而生。

這表示會意識到這種事的我，真的已經老了。

雖然我很不滿自己喜歡的〈沙灘上的櫻桃〉是由指原莉乃負責當中心歌手，不過一看到她能把HKT帶領得那麼好，還是讓我刮目相看。

〈隔壁的香蕉〉是由田島芽瑠和朝長美櫻所主唱。我忍不住要學她們的口頭禪說：「這樣有很厲害嗎…」、「人家…不知道啦」。

她們兩人的笑容實在是可愛到最高點！

哈魯P（兒玉遙）果然是適合站到大舞台上的角色，在她的身上擁有足以縱橫全場的正統偶像光環。

還有宮脇咲良的身高好像變高了些，還真不愧是一個有可愛表情的First Rabbit啊。

村重杏奈和中西智代梨這兩人雖然用搞笑演出的方式來自我介紹，但是可愛的模樣還是很引人注目。

不知為何谷真里佳沒有一起表演。實在是可惜了谷真里佳那種人來瘋的特色，不然的話就能達到大鬧特鬧、嗨翻全場的效果。

還有好笑等級破表的田中菜津美，她真不愧是小妹妹組的BOSS。

她高大如同BOSS般的體型，足以和指原分庭抗禮。

BOSS不但爆料指原有洗衣板身材，也爆料芽瑠像個小朋友一樣愛玩蹺蹺板，她和沙喜的配合實在是特別有意思。

拉普糖（多田愛佳）實在是太可愛啦！她果然很對我的胃口！尤其她的小酒窩，真是越看越可愛。

雖然才只有十八歲，但對於自己被大家叫成「姊姊」的事深感不滿。她還酷酷地說：「我早就從小蘿莉的身分畢業了！」

聽到有人說：「能移籍到這裡真是太好了。」我卻突然一陣鼻酸…

身為隊長的穴井千尋一邊哭一邊說，也讓我跟著流下淚來。

最後，坐在觀眾席的我被拉普糖發現時，她還一邊從欄杆裡探出身子，一邊揮手叫著：「善紀！」

雖說已經十八歲了，但看起來果然還像個小朋友似的。

我看她八成已經被HKT的其他成員給同化了。

就在我徹底宣傳她們那有如妖精般可愛氣質的同時，HKT48也終於得到單獨公演的機會，這個消息真的足以讓我感動到痛哭流涕。

ゴーマニズム宣言
SPECIAL
態度！AKB48論
©AKS

第9章

偶像剃光頭是不良示範？

峯岸南的戀愛醜聞被《週刊文春》大肆報導後，
破除ＡＫＢ48「禁愛令」不成文規定的主張開始浮上檯面。
B峯岸みなみ
Eダンサー宅に
泊まり愛!
按照過去的例子來看，成員在爆發醜聞後的懲處，不外乎是離團或畢業。
不過也有人會在畢業後再度參加ＡＫＢ的試鏡活動，重新以研究生的身分出發。
或是調到地方姊妹團，成為專門指導新人的前輩等等。
HKT48 THEATER
JAPAN'S MOST SOPHISTICATED SHOW
PRESENTED BY THE HKT48 & 48 GIRLS
HKT48
HKT48

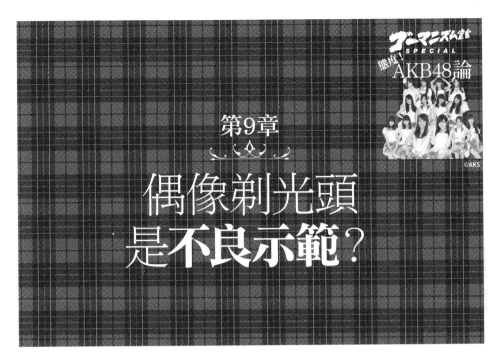

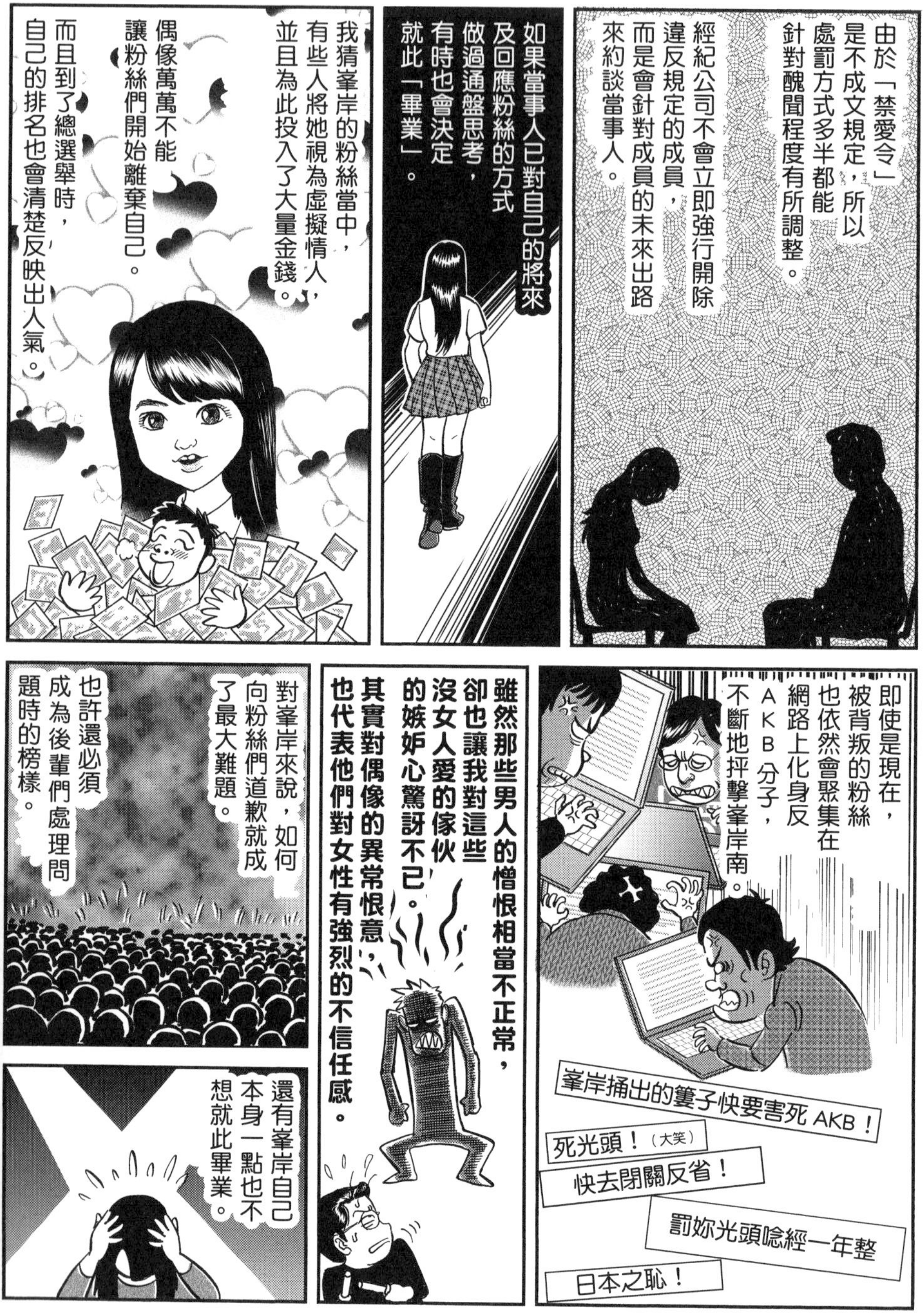
由於「禁愛令」是不成文規定，所以處罰方式多半都能針對醜聞程度有所調整。
經紀公司不會立即強行開除違反規定的成員，而是會針對成員的未來出路來約談當事人。
如果當事人已對自己的將來及回應粉絲的方式做過通盤思考，有時也會決定就此「畢業」。
我猜峯岸的粉絲當中，有些人將她視為虛擬情人，並且為此投入了大量金錢。
偶像萬萬不能讓粉絲們開始離棄自己。
而且到了總選舉時，自己的排名也會清楚反映出人氣。
即使是現在，被背叛的粉絲也依然會聚集在網路上化身反AKB分子，不斷地抨擊峯岸南。
峯岸捅出的簍子快要害死AKB！
死光頭！（大笑）
快去閉關反省！
罰妳光頭唸經一年整
日本之恥！
雖然那些男人的憎恨相當不正常，卻也讓我對這些沒女人愛的傢伙的嫉妒心驚訝不已。
其實對偶像的異常恨意，也代表他們對女性有強烈的不信任感。
對峯岸來說，如何向粉絲們道歉就成了最大難題。
也許還必須成為後輩們處理問題時的榜樣。
還有峯岸自己本身一點也不想就此畢業。

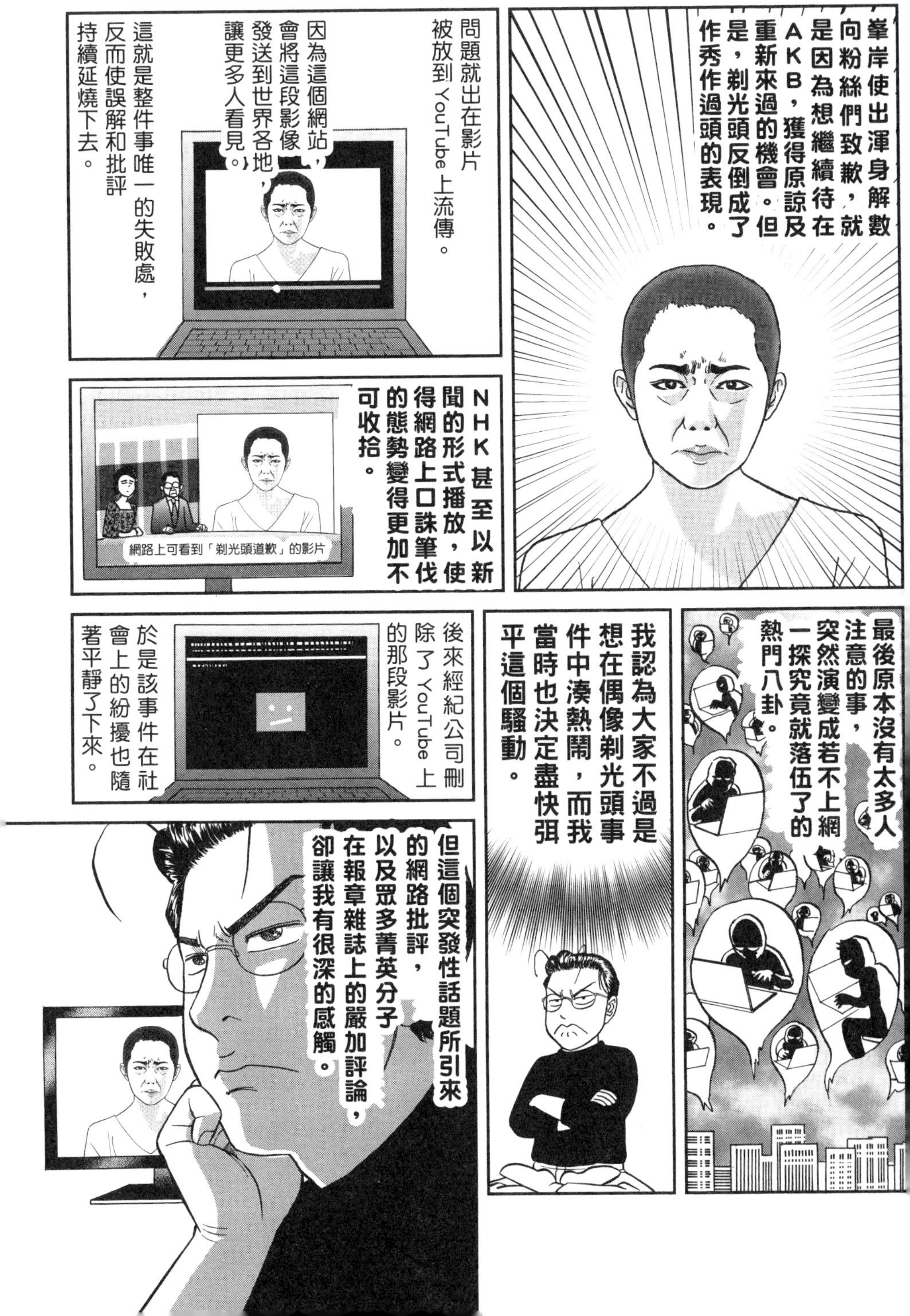
峯岸使出渾身解數向粉絲們致歉，就是因為想繼續待在AKB，獲得原諒及重新來過的機會。但是，剃光頭反倒成了作秀作過頭的表現。
問題就出在影片被放到YouTube上流傳。
因為這個網站，會將這段影像發送到世界各地，讓更多人看見。
這就是整件事唯一的失敗處，反而使誤解和批評持續延燒下去。
NHK甚至以新聞的形式播放，使得網路上口誅筆伐的態勢變得更加不可收拾。
網路上可看到「剃光頭道歉」的影片
最後原本沒有太多人注意的事，突然演變成若不上網一探究竟就落伍了的熱門八卦。
我認為大家不過是想在偶像剃光頭事件中湊熱鬧，而我當時也決定盡快弭平這個騷動。
後來經紀公司刪除了YouTube上的那段影片。
於是該事件在社會上的紛擾也隨著平靜了下來。
但這個突發性話題所引來的網路批評，以及眾多菁英分子在報章雜誌上的嚴加評論，卻讓我有很深的感觸。

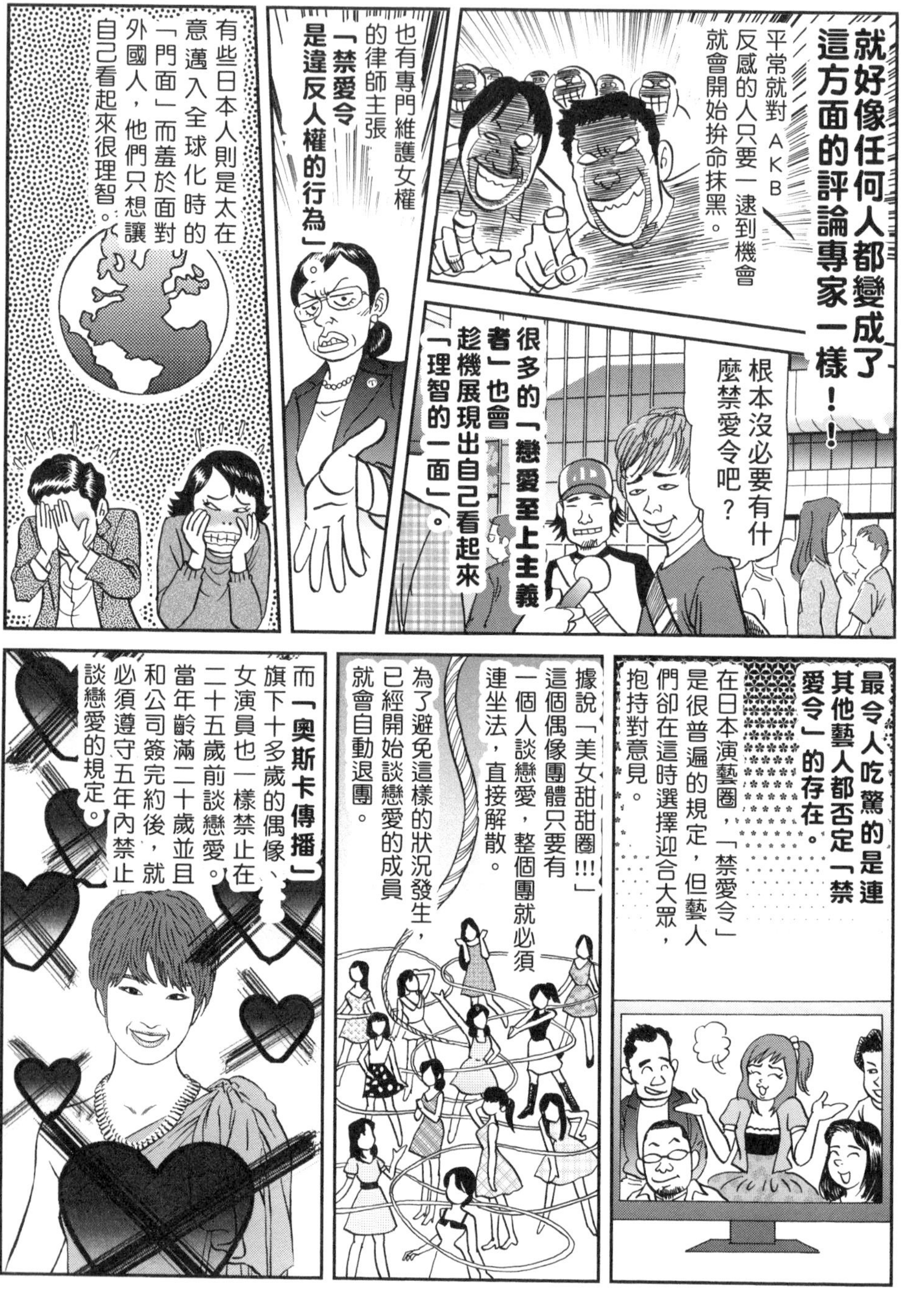
就好像任何人都變成了這方面的評論專家一樣！！
平常就對ＡＫＢ反感的人只要一逮到機會就會開始拚命抹黑。
根本沒必要有什麼禁愛令吧？
很多的「戀愛至上主義者」也會趁機展現出自己看起來「理智的一面」。
也有專門維護女權的律師主張「禁愛令是違反人權的行為」
有些日本人則是太在意邁入全球化時的「門面」而羞於面對外國人，他們只想讓自己看起來很理智。
最令人吃驚的是連其他藝人都否定「禁愛令」的存在。
在日本演藝圈，「禁愛令」是很普遍的規定，但藝人們卻在這時選擇迎合大眾，抱持對意見。
據說「美女甜甜圈!!!」這個偶像團體只要有一個人談戀愛，整個團就必須連坐法，直接解散。
為了避免這樣的狀況發生，已經開始談戀愛的成員就會自動退團。
而「奧斯卡傳播」旗下十多歲的偶像、女演員也一樣禁止在二十五歲前談戀愛。當年齡滿二十歲並且和公司簽完約後，就必須遵守五年內禁止談戀愛的規定。

花大筆錢一手捧紅的清純女藝人，若在數年後出現和異性交往的醜聞，人氣就會一落千丈，使經紀公司蒙受極大損失。
如果影響到廣告形象，一定會被迫立即終止合作關係。
這點男性偶像團體也一樣，若被八卦雜誌拍下把柄，實力雄厚的經紀公司就會私下處理掉那些照片。
這是很理所當然的作法。經紀公司為了確保自身的權力和金錢就必須透過干涉來保護旗下藝人。
不只女偶像會成為粉絲的「虛擬情人」，男偶像也會像清純女藝人般受到粉絲們的愛慕。
這在演藝圈早已是見怪不怪的現象。
在我的青春期時光中，也會因為清純女藝人、偶像爆發出醜聞而立刻變得興趣缺缺。
清純女藝人和偶像想談戀愛，就只能談地下戀情。
熱愛発覚!!
知道《週刊文春》正在報導峯岸的醜聞時，我馬上就覺得
「大事不妙了！」
但看到剃光頭影片，我反而大聲拍案叫絕。
咪醬！幹得好！

其實我認為峯岸南跟指原莉乃一樣，最欠缺的就是綜藝爆發力。就在我覺得美中不足之時，剃光頭事件倒成了一記強而有力的直擊。
咪醬這次終於爆氣啦！
我的祕書美奈似乎很擔心事情的發展，所以打了通電話給我。但我當時卻興奮地大叫。
她總算開竅了！
居然把女人的第二生命剪掉，這個偶像實在太瘋狂啦！
想留在AKB的執著和決心真不是蓋的！
真是敢愛敢恨的女人！
但讓我感到訝異的是社會對於這件事的負面評價。
真可憐。
好慘。
真不爽。
受害者。
這是體罰吧？
經紀公司的計謀。
只是作秀吧。
AKB完蛋了。
活該！
最蠢的就是有個傻蛋硬要裝出博學多聞的樣子，牽強地用法國歷史抹黑：「這讓我想到法國被納粹占領時，某些法國女性曾和納粹將領過從甚密。法國光復後，民眾以剃光頭的方式懲罰這些女性。」
在胡說什麼啊？
在我看來，日本人只是怕全球化的「門面」被大家嘲笑罷了，到頭來就只是鄉巴佬的自卑感作祟。

AKB48 AKB48 OFFICIAL SHOP TAIWAN

2014年起，一起加入AKB48吧！
無時無刻掌握AKB48所有資訊
以及海外會員獨享福利!!
喜歡AKB48的您
或者想更瞭解AKB48的您
快加入
「AKB48台灣官方專門店會員俱樂部」吧 S!
http://www.akb48taiwan.com/

- Member 特典1 會員專屬會員卡
- Member 特典2 購物點數回饋
- Member 特典3 會員限定商品、特典
- Member 特典4 生寫真優先購買
- Member 特典5 成員來台活動參加、票券購買權利
- Member 特典6 Fans Request room開催
- Member 特典7 AKB48日本國內公演票券販售<限定>
- Member 特典8 會員專屬電子報
- Member 特典9 有料會報誌發行 一年4回

也有很多沒見過世面的傢伙亂猜，認為「剃光頭是經紀公司逼迫下的不得已作法」。
只要是ＡＫＢ的相關事件，就一定會出現經紀公司為了「炒話題而作秀」的陰謀論。
換言之，社會大眾不願正視峯岸南本人的自主性！
雖然她本人已經在影片中說過：「自己沒有和別人討論就下了這個決定」。
但大家卻硬要說成是經紀公司為了「炒話題而作秀」。
換成是我，也許會發飆！
都說是我自己的決定了！
看不起我嗎?!
日後，峯岸南在節目上談起這個事件時自嘲：
下決定後就剃了呀～
說話的口氣聽起來有些苦悶。
這種看似草率的說話方式，我覺得可愛。
事件爆發當時，我曾向大家說：「難道你們打算否定當事人的自主性嗎？」
有人聽了便如此回應：
既然經紀公司決定將影片放到YouTube上，就應該負起責任。
問題確實是出在影片透過網路到處流傳……
但要是經紀公司認為這樣「丟人現眼」而選擇不公開影片，那麼峯岸剃光頭的決定就白費工夫了。
這樣對峯岸來說反而更殘忍。
那我白剃了？
也有一些菁英分子批評，「ＡＫＢ的運作體制逼得峯岸南不得不這麼做」。
AKB

正如宇野先生所期望的，目前禁愛令已經名存實亡。以後成員們和男偶像出現任何不良行為，大家都可以「睜一隻眼，閉一隻眼」。

剃光頭影片在社會上激起的漣漪，也開始影響到其他地區。
例如愛媛縣有個高田搬家公司，他們在電視廣告裡就找一位女性隨著「積極又細心，積極又安心」的歌聲，用推剪將自己剃成光頭。
日本有一位名叫愛蔻妮可的女模特兒，也是以光頭造型拍廣告。我想可能就是因為這支廣告的關係，所以愛媛縣的廣告主角也大方剃光頭吧？
ICONIQ
たしが変わる。音楽で変わる。
ICONIQ
「Change Myself」
「I'm lovin' you」
ICONIQ × EXILE ATSUSHI
由於這些廣告剛好也處在峯岸剃光頭風頭上，因此很多人也開始質疑：「為什麼廣告裡的女性非剃光頭不可呢？」
社會上突然出現將剃光頭的女性一律視為被害者的奇妙價值觀。
既無聊又沒意義。
被光頭風波嚇得心驚膽跳的評論家宇野常寬先生則提出了：「全面廢止禁愛令，明文規定以罰錢的方式約束成員，讓她們為自己闖下的禍負責」的意見。
然宇野先生和我在《AKB48白熱爭論》（幻冬舍）裡聊得很愉快，
但「體制論者」那種「唯有AKB的『體制』才能激發出成員的魅力，誕生溫馨佳話」的奇怪主張，實在讓我無法苟同。
還有中森明夫先生說：「少女們所賭上的夢想比AKB的體制還更有尊嚴」。但這論點也讓我非常想吐槽。
因為那等於說峯岸讓人跌破眼鏡的行動，不但代表了個人存在感，也代表AKB的體制會扼殺個人存在感。
GS
AKB48白熱論争
小林よしのり
中森明夫
宇野常寛
濱野智史
人はみな、誰かを推すために生きている。
幻冬舎新書 新刊

雖然早就寫過不下千百回，但我還是要強調自己從不原諒觸犯禁愛令的人。不過，只要能好好反省並願意洗心革面，那麼我會盡釋前嫌。只是，我最討厭的就是趁機聚眾抹黑的行為。

眼見社會大眾因為一個賭上自尊的偶像而跟著雞飛狗跳，我的內心有股痛快感。
就像是正在對他們嗆聲：「看看自己的蠢樣吧！」。
ざまーみろーー※
社會大眾就是因為無法預測出這些女孩意料之外的行動，所以才會惱羞成怒謾罵偶像！
網路上也常常有人等著參與「公審」。
一旦有特定人士或團體惹出事端，許多網路鄉民就會群聚網路霸凌（公審），十分囂張。
網路上的匿名人士，也經常為了紓解平時的壓力，隨處尋找可以抹黑的目標。
至於處在社會低下階層的人們則是嫉妒AKB的青春少女們。因為相較之下，她們活得更有尊嚴。
竟然剃光頭！
未免太沒常識了！
總算等到這天了！
鬥垮秋元康這個吸血鬼的時刻到了！
從以前就不懂AKB到底在紅什麼！
大家公審吧！把她們鬥垮！
法國大革命也是如此。當時法國社會大眾就是趁著民眾一窩蜂，藉機把他們嫉妒的對象送上斷頭台。

這樣的漫畫各位覺得如何？
峯岸南的「剃光頭影片」根本沒什麼大不了！
反應過度的人搞出來的「公審」才是問題！
千萬不要因為社會大眾一窩蜂的愚蠢施壓而害怕認輸！

專欄 小林善紀的宅男碎碎念 11

2013 / 04 / 29

我看了AKB48全團隊在武道館公演的最後演出。

感想是：實在太棒了！棒到讓我昨天的壓力整個都煙消雲散！甚至還獲得了超越百分之百的滿足感！

為了驅趕醜聞所帶來的愁雲慘霧氣氛，最好的方法果然就是觀賞表演啊。

雖然活動日期和仁藤萌乃的畢業典禮撞期，但現場規模大到足以中斷談話的「萌乃Call」實在是讓人吃驚。

現場即使還在演唱當中，也依然聽得到「萌乃Call」。會場內粉絲同心聲援萌乃，大家不但是打從心裡為萌乃的畢業感到惋惜，同時也把祝福的心情傳達給她。

如果在畢業當天，也能看到這樣的盛況就好了。

秋元才加雖然在〈涙之湘南〉裡以中心歌手的身分登場，不過在她把太陽眼鏡拿掉時，我突然覺得自己像是被電到了一樣，因為她當時的表現實在是太帥了！

後來，我把「早安優格」手機吊飾以及畫著才加肖像的簽名板送給了才加，她當然也一臉欣喜地收下禮物。

直到靠近一點看才加的容貌，才發現她長得像埃及豔后一樣美，這讓我不得不說她實在是太美了！

接著我發現JKT當中有一個特別可愛的女孩。當我在想：「這個團總算誕生一個讓我想支持的成員了。」結果定睛一看，居然是仲川遙香！

什麼嘛，原來說到底我還是喜歡日本人啊！

在活動中，HKT的女孩們有時會正面向我走過來。尤其是BOSS田中菜津美，她可能是覺得不好意思，所以手舞足蹈的怪模樣還蠻有趣的。

完全沒有想要討好觀眾的感覺。她果然還只是個小朋友啊！

對我個人來說，今天最重要的大事，就是宣布市川美織正式兼任NMB、Team N兩團成員。

記得在福岡和美優紀（渡邊美優紀）見面時，她跟我說一句「美優紀檸檬」，難不成這表示終於能在難波看到美優紀和美喔琳同台表演！

這個大消息可真是不得了啊！如此一來，我不但能觀賞到NMB裡許多喜愛的偶像，同時還能看到美喔琳！

這下我可要嗨翻天啦！

秋元康實在是太體貼了。

我想可能是因為我曾說過：「美喔琳很有喜劇戲胞。」所以他才會想試著讓美喔琳在搞笑劇的大本營鍛鍊搞笑功力吧！

美喔琳肯定會因為狀況外而時常突鎚，我真想看看她在難波被人吐槽時的反應啊。希望她到了那裡，可以好好學習一下裝傻和吐槽的精髓啊！

Team N的成員們啊。妳們就以「池乃目高的子弟兵」的身分，好好接受精實的鍛鍊吧！

萬歲！這個一定要去看的啦！

可是我還想要幫Team M的山田菜菜加油耶…到底該怎麼辦才好呢？

另外還有很令我吃驚的消息，那就是哈魯P（兒玉遙）已經確定要兼任AKB的Team B成員了！真的太強了！

哈魯P就要進入有麻友友的團隊了耶！

看樣子我只好多關心一下Team A的消息了！

雖然這次成員的異動是幾家歡樂幾家愁，不過整體上來說大多都是很令人高興的消息。

醜聞那種東西根本無足掛齒。

這下得分開心思關注美喔琳和哈魯P了耶！

好傷腦筋喔！

©AKS

第10章

禁慾的真諦

※ 嘿秀！嘿秀！哼嗨唷！

也想自由談戀愛！
還想跟各種不同類型的男人上床！
我要賺滿坑滿谷的錢！
HA!!
不用努力就當上AKB中心歌手！
誰理妳啊?!到底在做什麼夢！
有些人老是批評AKB48的「禁愛令」不合理，但我倒想反問他們到底有沒有聽過所謂的「禁慾」？
合格
難道他們的人生中，完全沒有在一定的日子裡「禁慾」過嗎？
能理解AKB成員生存方式的人，大概也只有能理解禁慾生活的人吧。

※嘰！

我也曾經說過，從未有ＡＫＢ成員因為峯岸南的剃光頭影片而被嚇到退團。
違反禁愛令就會被剃光頭！好可怕喔！
…從來沒有成員說出這種話並馬上退團。
ヴィイイイイイイ
※
禁止我家的女兒談戀愛根本就是違反人權！
…也沒有任何家長說出這種話並要求女兒退團。
如果我是ＡＫＢ成員的家長，那我應該也會說：
與其看到女兒沉溺在戀愛家家酒中，每天和不同的野男人鬼混等死，那還不如看她為了追求夢想而禁慾呢！
讓自己的女兒賭上青春，成為偶像，發光發熱……
或是認清現實後，盡快放棄偶像之路，正正當當過著普通生活。
也許的確有些少女，在看了峯岸的影片後，放棄了進入ＡＫＢ的夢想。
不過我倒認為這算是好現象。

因為靠著天真的想法在這個世界存活下去。
每個成員都會經歷撞牆期，無法忍受嚴厲的課程而放棄。
很多人都會就此被淘汰。
其實，從AKB畢業的人還是會陸續找到新的出路。例如「開始尋找演藝圈以外的夢想」，或「瞭解自己難以成為偶像後，進而專心於課業」等等。
二〇一三年春天，SKE48也有九位成員畢業。其中還有三位是我個人比較支持的女孩，當時我還覺得很震驚呢。
矢神久美
她是個大美人
桑原みずき
我覺得她很聰明
我最中意這個女孩了
呣啾呣啾
平松可奈子
AKB48就是一個嚴厲的競爭社會。
AKB的成員們會在握手會上，看到自己的粉絲排出多長的人龍。
有些成員可能會因為自己的粉絲數量比其他人少，沒握幾個人的手就要準備收工了。
當然，如果大受打擊而想退團，這是個人自由；反之燃起鬥志並大肆宣傳自己，也是個人自由。
例如：橫山由依。她是一個就連AKB總長高橋南也認可的「超級努力王」。據說她在成員們需要組團演奏的〈Give me five〉裡，曾特地練習過所有需要用到的樂器。

如果征服困境的企圖心沒有比他人更強烈，就無法在ＡＫＢ中勝出！
一年一度的「選拔總選舉」裡，粉絲必須透過投票遴選出ＡＫＢ48內的所有候選成員（對象為從去年的正式成員，到現任的所有正式成員）。並會按照順序挑選出第一名到第六十四名的成員。
至於排名以外的候選人就會慘遭淘汰。
榮獲第一名者將會擔任下一首單曲裡的中心歌手。她們也分為各種階層。
第一名到第十六名是「選拔成員」
第十七名到第三十二名是「Under Girls」
第三十三名到第四十八名是「Next Girls」
第四十九名到第六十四名是「Future Girls」
選拔成員
Under Girls
Next Girls
Future Girl
站穩前幾名的成員，常常有機會在媒體露臉。
中間階層的成員裡，甚至還會有剛進ＡＫＢ的研究生。
相反地，也有正規成員掉到排名之外。

曾經有一位模特兒出身的女孩，在進入ＡＫＢ時引發了不小話題。但這位從研究生時期就是寫真模特兒的女孩，卻意外地在總選舉時掉出排名外。
她當時深受打擊，總選舉結束後還瞪著觀眾席。退場之後…
一進後台就突然崩潰跌倒了。
只要身在其中，偶像就會被粉絲們比較、排名。
少女們的自尊心不但會受到傷害，也會開始自我懷疑。被逼著自我檢討是否該繼續拚下去，檢討是否該想辦法更加油。
而某些反ＡＫＢ人士和不懷好意的菁英分子，一看到選拔總選舉的發展進度時，就會用「殘酷舞台」、「公開行刑」等偏激字眼惡意抹黑。
「選拔總選舉」是為了讓粉絲對官方擁護的偶像表達異議，才會應運而生的「直接民主制」選舉。這個體制可以讓粉絲們透過投票表決，使自己喜愛的偶像排上名次…
我想反問那些反對者們，難道我們的社會真有這麼厭惡民主嗎？

我想也許是官方疲於應付反對者們的抹黑吧？
因為從二〇一三年開始，選拔總選舉的「候選人」資格不但能讓成員們自發性參加活動，
也能讓已經畢業的成員回鍋成為候選人。這種機制讓整個制度產生大變革，
不只是觸犯禁愛令的畢業成員能成為候選人，
連已經變成家庭主婦的前任成員也能入圍。
眼見制度被修改成這樣的我，不禁為今後的ＡＫＢ感到不安。
因為這很可能會使部分「禁慾」觀念開始瓦解。
我認為這對老實遵守「禁愛令」、努力克制慾望的成員來說，是很不公平的決定。
萬一她們因此輸給那些違反規定、隨心所欲的成員，
或是輸給戀愛中的女性，甚至是家庭主婦們，那麼不就等於說她們白費心力嗎？
我認為讓私生活不檢點的人站在舞台上，並且成為少女偶像是很不合理的事！
注重實力比拚的總選舉還有辦法靠著ＡＫＢ的「態度」撐下去嗎?!
降低門檻讓注重實力的總選舉變成單純的「熱鬧祭典」是好現象嗎？

那種隨著慾望過生活、只要我喜歡有什麼不可以的主張，只是人們當年處於經濟高速發展期及泡沫經濟時代的陋習。
難道大家不希望未來的時代是以追求「生存價值」和「個人尊嚴」為重嗎？
少女們的競爭就是必須每天透過劇場、握手會、電視節目、演唱會、Google+來獲得粉絲的支持
在如此競爭激烈的社會裡，沒有「態度」就會被淘汰。
雖然AKB48演出的《馬路須加學園》是一齣有點古怪的電視劇，
但裡頭的關鍵字：「態度」，就是AKB48的座右銘。

在這個相對主義當道的社會風氣下，除了什麼事都想趁機見縫插針的虛無主義，
還有對認真態度完全嗤之以鼻的冷漠主義。
要是不認真就無法活下去！
要是不認真就沒有生存意義！
但AKB48反而以此為號召，並在互相競爭的社會中發光發熱！
回顧八〇年代後現代主義開始流行的期間，《逃走論～schizo kids的冒險～》中的價值觀是選擇「走為上策」……
見識到奧姆真理教的發展後，大家也瞭解到絕對主義是一種危險思想……
經過了這些時期後，使得大眾開始對「絕對」和「正義」等價值觀不屑一顧。
即使宣揚「履行義務」的理念，大眾也會被萬事萬物皆虛空的理念淹沒。

然而日本人所支持的政權，卻積極推動弱肉強食的全球化主義。
尤其經歷過相對主義和後現代主義榮景的中產階級，見到此情此景，想必更是心有戚戚焉，
現代日本正處於中產階級開始崩潰的M型化社會。
雖說這個時代的國家已不再守護著國民，
而跨越國際的市場競爭時代也已到來，
但社會大眾眼見少女們站在呈現輝煌成果的神聖舞台時，卻是用殘忍、行刑等抹黑字眼，間接表達自己內心的恐懼。
在「候選人制」實施後，今年選拔總選舉的候選人當中卻沒有任何人是已經離開的成員。
到頭來還是屬於現役成員們的戰場！
如果AKB成員想看看自己的態度究竟能吸引多少粉絲，就只能靠選拔總選舉了！
ズンズンズ※
對於用態度追求夢想的少女來說，戀愛這玩意兒根本完全微不足道！

※昂首踏步。

松井珠理奈曾經發表過一段感言。
長大以後一樣可以談戀愛！
但過了五十歲，就不能成為AKB的一員了！
雖然她只有十六歲，但精神上卻是不容小覷的鬥士！
還有在吉田豪的訪談中，塔咖咪那（高橋南）說：
「無論是什麼社會，要是沒有規則可循，就沒辦法維持秩序。」
在秋元康發表關於「禁愛令」的談話後，記者們也訪問了高橋南。
遵守禁止戀愛的規範就由我帶頭做起！
能說出這種話的她，真不愧是全ＡＫＢ團隊的總長。
麻里子大人（篠田麻里子）也說：
我想自己就算待在沒有禁止談戀愛的團體裡，也一樣不會想談戀愛吧。因為我還有很多事想完成。
若問我需不需要談戀愛，我的答案是「不需要」。
就算目前沒特別要求我，我還是一樣不打算談戀愛。因為我認為現在身為ＡＫＢ成員的身分才是今後最應奮鬥的目標。
她居然是這麼帥氣的女孩！
不過聽起來像是閱人無數的女人才能說出的話…
算啦！就當是特規成員吧！

以為麻友友是乖乖牌偶像那就大錯特錯了！她會用穩重又美麗的表情，不含糊且直接表達想法！雖然她說出的內容既辛辣又容易擦槍走火，但大家對於這點總是出乎意料地寬容。

麻友友（渡邊麻友）則說：
既然想在這個圈子生存下去，那麼不是更不應該談戀愛嗎？
她和一位因醜聞而退團的前任成員對談時，也曾當面說出這句話：
我絕不原諒鬧出醜聞的成員。
當我聽到她說出這些話時，真的覺得她是一個純正的少女偶像。
身為偶像的她，實在相當值得尊敬啊！
想要認真實現夢想，那就必須過著「克制慾望」的生活！
任何東西都想抓、想滿足一切個人慾望的人生，根本就是無理取鬧！
どすっ
HA!
選擇投入競爭社會的人，內心早已做好充分的覺悟！
可惜現今的日本男兒，卻是越來越難找到能在人生中做好這份覺悟的人。

這樣的漫畫各位覺得如何？
你有需要「克制慾望」才能夠實現的夢想嗎？
這就是AKB48透過行動想告訴我們的事！
我就算只能發揮微不足道的力量，依然想守護這群少女們的夢想！

2013 / 05 / 06

我在AKB48總選舉的政見發表會上，看到了一些怪怪的女孩。

當時NMB48的小茉（小笠原茉由）拿了一個奇怪的人偶裝可愛，但在最後她卻又擺出古怪的表情，活像漫畫人物。為何人類的臉可以擺出那種如同漫畫一般的表情？

嬌羞的少女想盡力炒熱氣氛的模樣看起來最可愛了。

雖然小茉的演技很有獨特風采，但NMB48的木下百花當時卻是害羞偷偷走過去，真是怪怪美少女。

美優紀認為百花這樣很可愛，還說：「如果百花被作弄，看起來會很有趣喔！」但總覺得這實在是很像男孩才會說出來的話啊。

百花雖然想認真表演，但因為太害羞而顯得扭扭捏捏，不過那個模樣看起來反而更有意思。

還有一個老是做些奇怪舉動，甚至怪到有點詭異的女孩。那就是AKB與NMB兼任成員里步步（小谷里步）。

里步步說今年的總選舉是「大幅左右人生的十字路口」。

其實她這是詞窮找不到別的話講，所以只好一本正經地用這句話撐場面。

後來我對里步步淡然地表示，她在跳舞或握手會時看起來都很普通，不能說是謙虛而是遜到沒有自信。

她卻用相同的口氣淡然地回答我：

「但我卻稍微感覺到自己將是AKB48接下來不可或缺的存在。」

？？？

接著她就開心地揮揮手道別。

被別人說很遜之後，不但沒有辯解，反而輕描淡寫地表現出更有自信的態度。

里步步真的是很奇怪的女孩，實在是太有趣了！

小茉！百花！里步步！

妳們真的是怪怪美少女！

SPECIAL
AKB48論
©AKS

第11章

千錯萬錯都是**體制**的錯？！

不管是情侶還是夫妻……
當女方出軌的事實被男方發現。
HOTEL
若是女方剃光頭，
都是我的錯，我不想和你分手啊！
請原諒我！
看到這種道歉方式……
我絕不原諒你！
分手吧！
我要離婚！
反而讓男人有這種反應……

居然把女人的第二生命剃掉！
這樣才是我愛的女人！
…當然也有很多男人會選擇原諒。
我受邀成為「OUT×DELUXE」的特別來賓時，被問到關於峯岸剃光頭事件，我用前述例子表達了自己的看法。不過，貴婦松子則是直接回答：
「要是我就一定離婚！」
讓我的論點完全被忽視，淪為笑話。
因為那是綜藝節目，這樣的發展也在所難免。
不過我在「NicoNico」直播頻道上，為前述問題做過一次投票活動，結果發現男性觀眾大多是選擇「原諒」。
原諒 79.8%
不原諒 20.2%
在高橋真梨子的〈對不起…〉這首歌裡，
「在他人身邊的夜裡，你的身影卻宛如惡作劇般，整晚不斷浮現我眼前。」
有這樣的歌詞。
在我解釋自己的過錯之前，希望還能盡力對你好一些。請帶我走，一起到那沒有分離的國度」
還唱出些許反省的心聲。
雖然內容會讓人覺得歌詞裡的女人很自私，但可能是因為高橋真梨子的演唱功力太優秀了，所以讓整首歌變成惹人疼惜卻又愛恨交織的名歌。
即使在八〇年代，也會有這種專門詮釋劈腿女性的歌曲，並且讓歌手靜靜地唱出浪漫又感傷的抒情曲調。
因為這些歌詞裡比較沒有男尊女卑的價值觀。

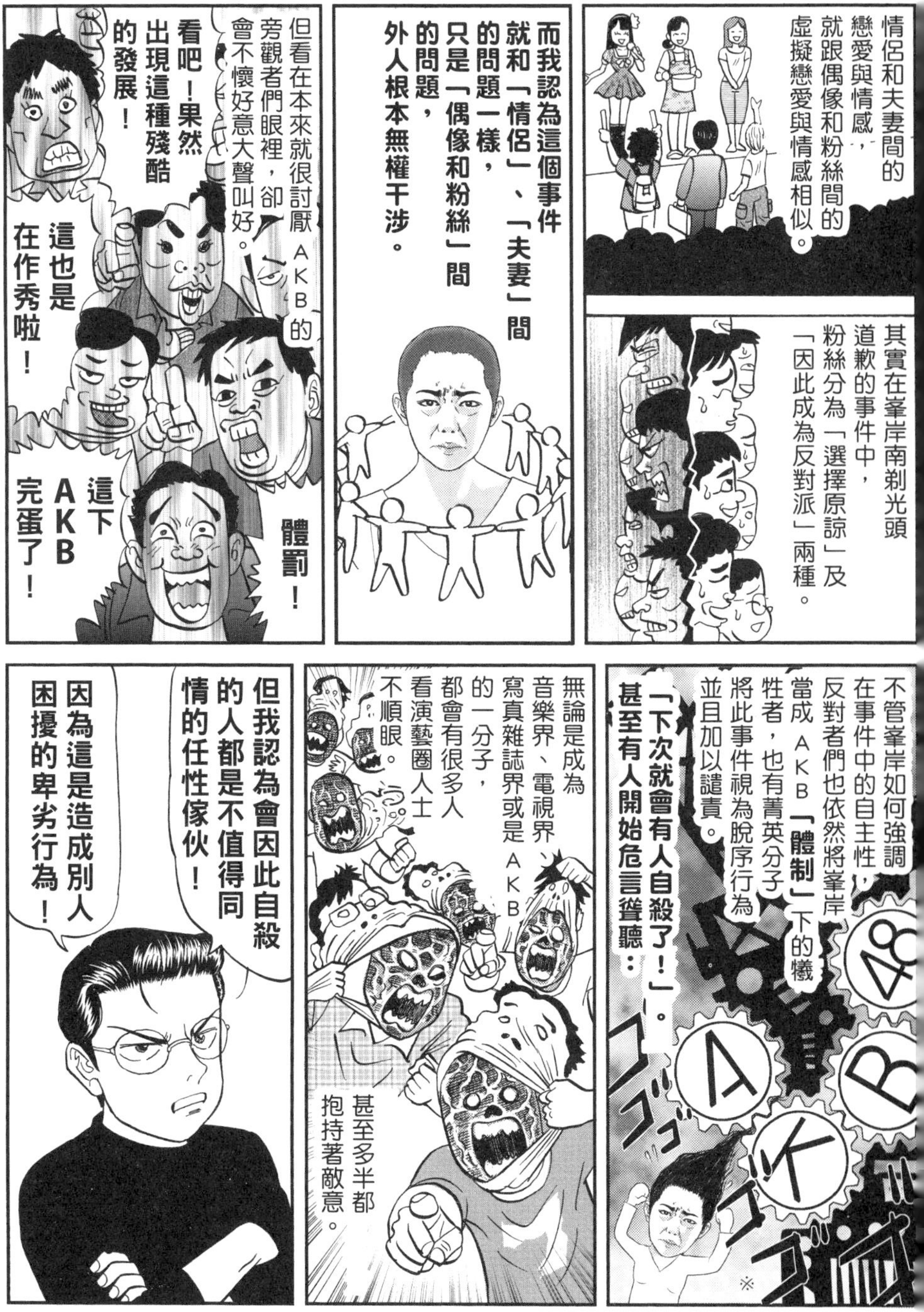
情侶和夫妻間的戀愛與情感，就跟偶像和粉絲間的虛擬戀愛與情感相似。
其實在峯岸南剃光頭道歉的事件中，粉絲分為「選擇原諒」及「因此成為反對派」兩種。
而我認為這個事件就和「情侶」、「夫妻」間的問題一樣，只是「偶像和粉絲」間的問題，外人根本無權干涉。
但看在本來就很討厭ＡＫＢ的旁觀者們眼裡，卻會不懷好意大聲叫好。
看吧！果然出現這種殘酷的發展！
這也是在作秀啦！
體罰！
這下ＡＫＢ完蛋了！
不管峯岸如何強調在事件中的自主性，反對者們也依然將峯岸當成ＡＫＢ「體制」下的犧牲者，也有菁英分子將此事件視為脫序行為並且加以譴責。
甚至有人開始危言聳聽：「下次就會有人自殺了！」。
48
A
K
B
ゴゴゴ
無論是成為音樂界、電視界、寫真雜誌界或是ＡＫＢ的一分子，都會有很多人看演藝圈人士不順眼。
甚至多半都抱持著敵意。
但我認為會因此自殺的人都是不值得同情的任性傢伙！
因為這是造成別人困擾的卑劣行為！

當成員違反禁愛令時，只要當事人提出想繼續留在ＡＫＢ的意願，官方就會用「降級為研究生」、「分派到地方姊妹團」等處理方式留下該成員。
也有人會在畢業後再度參加試鏡會，以研究生的身分再出發。
Team 研究生
HKT48 THEAT
JAPAN'S MOST SOPHISTICATED SHOW
HKT 48
至於之後的發展就看自己的粉絲買不買帳了。
因為粉絲的想法是無法操控的。
所以靠自殺威脅並無法挽回粉絲們的愛戴。
順帶提一件和戀愛不相關的事件。在我以前就讀的小學裡，有一個小學五年級的男孩為了抗議學校即將廢校而自殺。
試問這個事件又要如何怪到體制上呢？
是地方行政體制的錯？
還是教育體制的錯？
※叭！！！！！！
雖然說死者的壞話有些殘忍，但那位少年以死明志的行動令我無法苟同。
我不認為這是英雄行為。
因為學校即將廢校，就讓自己的雙親白髮人送黑髮人。
這種不為「大我」而死的行為，簡直跟傻瓜的任性舉動沒兩樣。

雖然我能瞭解自殺的人想靠自殺博取同情的心態，但這種人絕對稱不上是犧牲者。
因為是自殺者的任意妄為，相關者沒有必要面對他人的異樣眼光。
若自殺者的主張偏差，有時還必須替他背負社會責任。
ピーポーピーポー
※
就AKB本身來說，峯岸剃光頭的行為已經是觸犯法規後所能表達出的最大「誠意」。
對不起啦
我要割腕了喔
若是再要求下去就會演變成自殺行為，出人命就談不上「誠意」了。
而是到了不可理喻的地步。
如果男性外遇被發現，只要剃光頭道歉的態度不要太過招搖，通常都能輕易獲得原諒。
當我看到女性用剃光頭的方式道歉時，也很驚訝這個時代終於發展到能讓女性做這種事的程度了。
所以對這種出人意表的舉動很是佩服。
但粉絲裡還是有些貌似純真的處男。
這種人的嫉妒心很恐怖！
只要發現自己支持的成員開始背棄粉絲，就會成為激進的反對派。

然而剃光頭事件
卻引來菁英分子的批判，
他們認為「都是因為體制
才會害偶像走到這種地步」。
但這種結論
卻只會讓人想反問
這些人平時到底是生活在
多嬌弱的社會體制裡。
ゴオオオ
A
K
B
※轟隆隆！
提出那種主張的
菁英分子們，
是不是一看到情人
和妻子剃光頭道歉後也要說：
「是戀愛的體制偏差」、
「是婚姻的體制偏差」呢？
ゴオ
結
婚
人
就算他們指責體制
偏差，ＡＫＢ還是
不可能隨便讓所有成員
統統站上舞台的中心位置，
也不可能
完全不挑出站在
舞台其他位置的成員。
既然本身就是殘酷的競爭，
那麼就無法否定
競爭的體制！
ＡＫＢ的體制
不是社會主義！
由於日本
中產階級已
不再需要日本型
社會主義，所以
才會支持小泉政權
改革社會結構。
現在的安倍政權，
一樣也是走著參加
ＴＰＰ、自由貿易
協定的全球化路線。
而這不就是國民們
選擇出來的發展嗎？

在全球化的弱肉強食社會裡，所有人都必須直接和外國人競爭。
童話故事中，放學後不往補習班跑，和鄰居小朋友一起玩耍的時代早已不復返。
我在小學時期就已經下定決心當一名漫畫家了。
AKB的少女們也一樣。許多參加試鏡會的女孩都是從小就開始練習舞蹈、芭蕾、鋼琴等才藝。
今後的時代，孩子們不再是不需要接觸社會、
也無法在沒有明確目標的情況下開始就業，
甚至不容許個人的志願就是在企業的保護傘下平凡度過一生。
我對貴公司的企業理念…
ダーン※
キュン
※咚！嘰！啾！

我其實就是一個很討厭新自由主義、弱肉強食競爭社會的人。但我本身卻是從人氣投票決定生死的漫畫界中挺過來，同時也是接受漫畫界弱肉強食觀念的人。而選擇全球化社會的日本人們，卻因為AKB互相競爭的模樣而感到恐懼，實在是又矛盾又可笑！

有自主性，從小就面對夢想筆直奔去的人才能獲得最後的成功！
有一次我在AKB48劇場公演結束後，離開時遇到一位跟我擦身而過的女孩。
我是第十三期的○○！請您多多指教！
嗯…嗯。要加油喔。
…那時她這麼喊著。
當時的氣勢和認真態度，著實震撼我的內心。
雖然這個請我多指教的招呼只是基於禮貌的日常對話
但會這麼做就表示她一心只想宣傳自己。
另外談談AKB的橫山由依吧。橫山由依的家中經濟不算富裕，所以她的母親必須一邊送報紙一邊支援她在AKB上的活動開銷。
她在研究生時期也比每個人更努力，會拚命練熟舞蹈，在公演舞台上也會全力揮汗跳舞。也因為大家欣賞她努力不懈的態度，所以在同期的成員當中，不但比任何人還要更早升格為正式成員，同時也是選拔成員中的常客。

那些害怕ＡＫＢ的競爭性，主張「體制會產生各種危險」、「必須廢止禁愛令」「將鬧事成員的處分公開化」的菁英分子，反而凸顯自己的狹隘。
也看看我的例子吧。我每個禮拜、每個月都必須漫畫雜誌的人氣投票作戰。
要是人氣下滑，漫畫連載也會慘遭無情腰斬。
競爭的嚴酷…
競爭的苦惱…
競爭的樂趣…
競爭的價值…
競爭的美妙…
這樣的漫畫各位覺得如何？
少女們即使知道自己追求夢想的路上必須和他人競爭，卻還是選擇背負這份覺悟努力下去！
事實上，這些少女比現代的成年人更有勇氣及覺悟！

專欄　小林善紀的宅男碎碎念⑬

2013 / 06 / 21

NMB48這個偶像團體現在已成長到臻於完善的境界。

昨天我在音樂節目「MUSIC JAPAN」裡看到彩姊（山本彩）、美優紀，她們兩人散發出一股巨星的架勢，但咪喔琳的存在，卻有打破整體統一感的功能，和其他成員在一起時，還能襯托其他成員優點。

當大家開始列隊的時候，不妨看看咪喔琳的腳吧。

你能看到嬌小可愛的咪喔琳正在微笑著。

為了防止AKB整體的歌聲太過平均化的現象，所以經紀公司想到了加進咪喔琳的點子，但卻收不到成效。

即使咪喔琳只能追著大家，舞蹈動作越來越大，舞蹈形式越來越吃力，必須比別人更耗體力，但她卻依然默默地努力，試著凸顯自己微小的存在。

這在AKB之中，是不被認可的作法。

但是NMB48卻能徹底活用咪喔琳的優點。

我認為大家可以不用管可怕的選拔總選舉結果。

就算明年NMB全體成員沒有候選人入圍也無妨。

咪喔琳也可以不用再繼續兼任AKB48了，因為她只要完全移籍到NMB就行了。

今後NMB一定會發憤圖強，不斷追求更高境界。

NMB48的偶像不只是擁有可愛性和純粹性，同時也兼具親和的大眾性，是最理想的偶像團體！

而且那首〈我們的發現〉也非常動聽。

ゴーマニズム宣言
SPECIAL
態度！
AKB48論
©AKS

第12章

AKB 可以談戀愛嗎？

大家好！
咪魯魯有男朋友了喔！
要為人家加油喔！
我們都看到照片了！
恭喜咪魯魯交到男朋友！
オー！※
謝謝大家！
謝謝各位容許我談戀愛，大家真是成熟的粉絲！

※喔！

沒錯！我們是成熟的粉絲！
オオオオオ
一點也不會吃醋喔！
大家好！
人家今天早上做過愛了喔！
談戀愛的話當然會做愛囉！
ヒュー
ヒューーゥ
舒不舒服啊？
多做點！
多做點！
大家好！
人家已經懷孕了喔！
我們都知道了！咪魯魯！
談戀愛當然可能會懷孕！如果反對就太不成熟了！
オホホーーイ
生下來！
生下來！
謝謝大家！
咪魯魯能有這麼成熟的粉絲，實在是太幸福了！

※ 喔喔喔喔喔！

※ 喔呵呵呵！

大家好！
今天老公留在家裡照顧發燒的小孩，所以人家要早點回家喔！
養小孩好辛苦呢！咪魯魯！
我們要是不容許偶像養小孩，就稱不上是成熟的粉絲了！
好好養！好好養！
※
※啊哈哈哈哈…
大家好！
咪魯魯劈腿被發現了！所以已經離婚了喔！
談戀愛是一種文化！劈腿也是一種文化！咪魯魯！
身為粉絲要是不容許偶像劈腿、離婚，就稱不上是成熟的粉絲了！
※
※喔…喔…

大家好！
ふぎゃ——ああああ
因為我劈腿的男人有家暴傾向，所以今天要揹小孩上台跳舞喔！
咪、咪、咪、咪……咪魯魯……？
我們可不可以改支持別人呢？

這樣的漫畫各位覺得如何？
不要不懂裝懂！未免也太傻太天真!!

專欄　小林善紀的宅男碎碎念 14

2013 / 06 / 27

因為雜誌《BUBKA》的企畫，我和HKT48的女孩們見了面。

大家看到這裡應該已經知道我要在部落格上寫一些和NMB有關的事情了吧！

她的眼神究竟在關注什麼呢？

如果你和那天真無邪的雙眸對上一眼，就只能乖乖投降了。

田島芽瑠有著「回眸美人」般的美貌，即使身在AKBG中，和風美人的外表也是獨一無二的特質。

她不可思議的魅力就在於兼具了天真和聰慧兩種個性。

芽瑠真是個認真的完美女孩，因為她會在訪談前事先調查好對方的資料。

不過「維基百科」有很多錯誤的記載，所以大家可不要全盤相信喔。

我認為田島芽瑠果然是最適合當偶像的人才。

朝長美櫻那惹人憐愛的模樣，就像是吉祥物一般。

據說她喜歡一個人獨處，而且也有懼高症，這些特點和我很相似，所以我們還蠻聊得來。

她天真活潑的笑容甚至可以療癒人心，只要看一眼心裡就會開始小鹿亂撞。

雖然秋梨（中西智代梨）老是會擠出一張怪臉，不過我覺得她最近越來越漂亮了。

我認為這個女孩將來可以成為零醜聞，並且深得綜藝節目喜愛的藝人。在懂不懂得看人臉色這方面，我認為她和谷真理佳的表現截然不同，所以最好別管現氣氛直接亂入就行了。

雖然杏奈（村重杏奈）會試著逗人發笑，可是由於她的表情太過可愛，反而無法產生效果，她也常常為此感到煩惱。

我曾在部落格上說：「真想收杏奈當乾女兒。」但她卻好像不懂「乾女兒」的意思。

反而回答：「那我可以當護士嗎？」照這麼看來，我豈不就是臥病在床的老人嗎！

據說杏奈現在很尊敬指原，以前明明當她是醜女，沒想到現在卻會把她當成美女。

我猜她已經被指原洗腦得很徹底了吧？話說回來，也許是因為她知道我是反指原分子，所以我對她低調說出景仰指原的態度，相當有好感呢。

後來杏奈又說出令人震驚的話，那就是她希望明年可以進入總選舉的排名內。

唉～！我好苦惱啊。我也好希望她能夠進入排名以內喔。

HKT48是我故鄉裡的偶像團體，所以我不會對她們失去興趣。

第13章

神對應與鹽對應

ゴーマニズム宣言
SPECIAL
態度！
AKB48論
©AKS

在握手會上，NMB48的美優紀（渡邊美優紀）有著相當高的人氣。
據說她還是技術高超的「頂級粉絲吸引機」。
當你握完手準備離開時…
她會技巧性地突然瞬間用力一握。
就把心兒怦怦跳的粉絲吸引過來。
這…這該不會是對我有好感的意思吧？

美優紀除了不怕生外
還有自然的笑容，
只要聽到她用帶有
撒嬌鼻音的大阪腔說話，
很多男人就會立刻著迷。
欸
很神奇吧？
應對能力之高
甚至讓粉絲們稱為「神對應」。
可以的！
我一定會守護到底！
不只是握手會上的男孩，
就連演藝圈內的大叔
也會被她吸引。
也有人故意見縫插針，
稱她這樣就像是酒店小姐。
但即使是女性也一樣
難以阻擋美優紀的魅力。
妳們喜歡誰？
美優紀。
美優紀。
我喜歡美優紀。
當我和
NMB48的女粉絲聊天時，
也發現她們都很支持美優紀。
現在有很多女孩相當憧憬
男孩喜愛的
「卡哇伊」氣質，
所以常常可以看見女孩
穿上女僕裝或帶著
尾巴的Cosplay服。
我曾經在
NMB的演唱會
裡看過一群女孩，
穿著〈妄想女朋友〉的
Cosplay服，在會場裡
大聲為美優紀加油。
みるきー※
總之，就連女孩也無法
抗拒美優紀的「吸引力」，
只要看到她就會神魂顛倒。
みるき～※
同樣是NMB成員的
木下百花也很喜歡美優紀，
她那種模樣
就像小男孩一樣可愛。
恐怕是因為
我在社會上號稱
傲骨主義者的關係吧？
美優紀第一次跟我見面時，
並沒有使出方便裝熟的
「神對應」技巧。

※美優紀！

演唱會結束後，我在後台看到美優紀穿著泡泡舞台裝走過來…
這衣服看起來好可愛，就是所謂的「泡澡裝」嗎？
是的。
NMB裡面有很多有趣的女孩呢。以後我也會盡力替各位加油喔。
真的嗎？謝謝你。
美優紀一直保持著招牌笑容，也很有禮貌地跟我寒暄。
那時美優紀還提議一起拍照留念，而我當然也表示沒有問題。
カシャ※
美優紀後來把當時的照片放在Google+上。
「平時承蒙小林先生的支持與鼓勵，真的非常感謝您！♥」
留下如此貼心的訊息。
渡辺美優紀
過一陣子之後，有一位擁護美優紀的編輯送了我一本她的寫真集。
みる神
渡辺美優紀
ファースト写真集
みるき～ファースト
上面還簽了美優紀的名字。
miyuki
而我也因此在部落格裡留下讚美美優紀的心得文。

※喀擦！

美優紀知道了這件事，
向那位編輯說：
「感謝小林先生
被我吸引住了呢！」
那句話絕對不是單純的
「被我吸引住了」。
而是謙虛地說：
「感謝你讓我有機會
吸引你的目光。」
至於開始和美優紀比較有往來，
則是在我將她編入
「UGN
（不背叛粉絲）48」
的第三名以後。
UGN
48
「UGN（不背叛粉絲）48」
是成員們陸續傳出
違反禁愛令後…
既然變成這種局面，
那我乾脆選出今年一整年
絕不背叛粉絲的成員，
來讓大家安心好了！
…那是我基於趣味的
心態所舉辦的活動。
「UGN（ウラギラナイ）48選抜メンバー」
而這就是當時選出來的成員名單。
UGN（不背叛粉絲）48 選拔成員
⑮ 小谷里步
⑨ 宮脇咲良
⑬ 小笠原茉由
⑦ 島崎遙香
④ 松井玲奈
⑪ 加藤玲奈
⑥ 松井珠理奈
② 市川美織
① 渡邊麻友
⑫ 山田菜菜
⑧ 兒玉遙
③ 渡邊美優紀
⑭ 古川愛李
⑩ 田島芽瑠
⑤ 山本彩
⑯ 上西惠

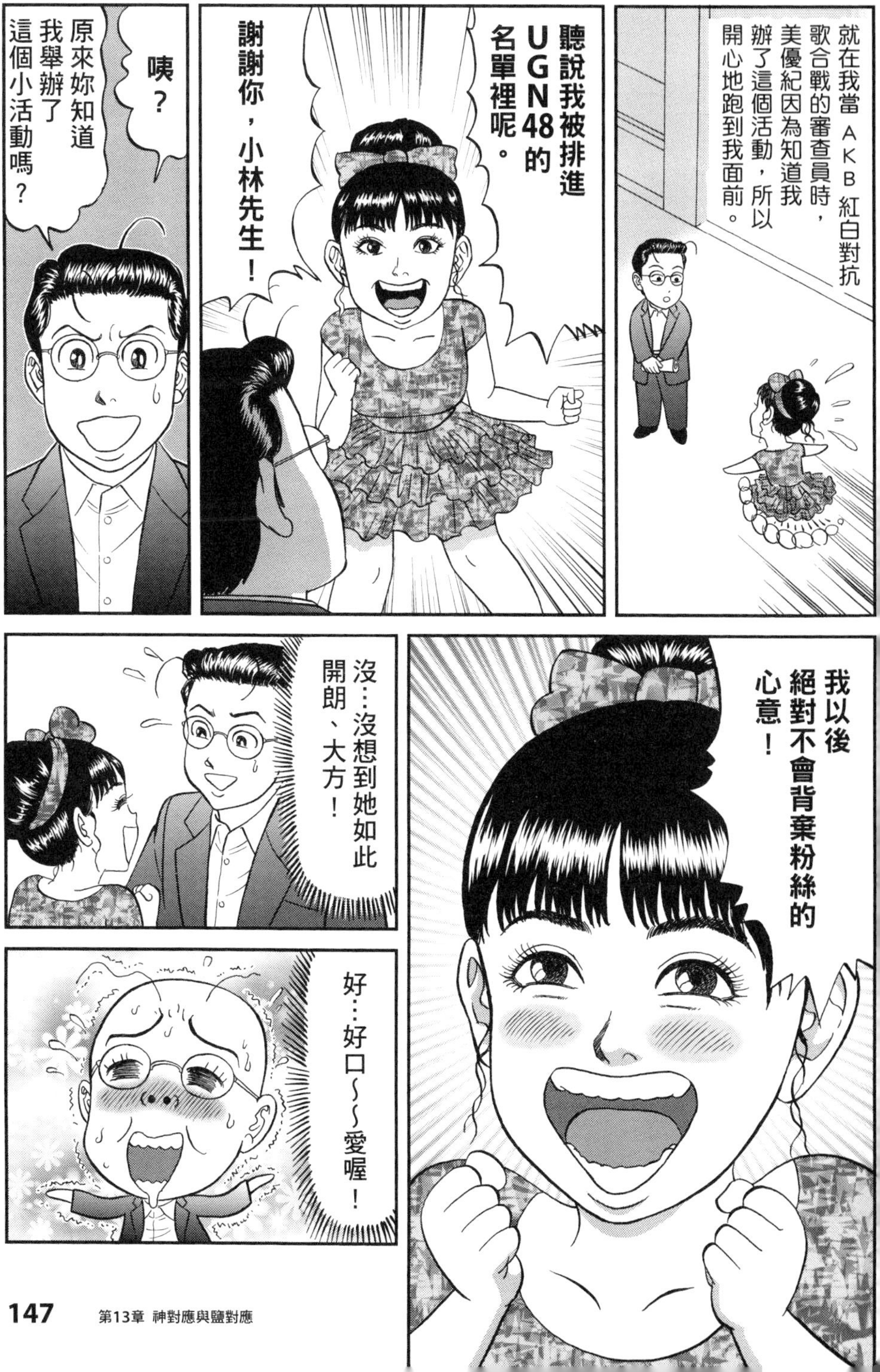
就在我當AKB紅白對抗歌合戰的審查員時，美優紀因為知道我辦了這個活動，所以開心地跑到我面前。
聽說我被排進UGN48的名單裡呢。
謝謝你，小林先生！
咦？
原來妳知道我舉辦了這個小活動嗎？
我以後絕對不會背棄粉絲的心意！
沒…沒想到她如此開朗、大方！
好…好口～～愛喔！

這種感覺就是施展在粉絲身上的「神對應」嗎？
我想我自己也加入了被美優紀吸引住的笨大叔行列了…
美優紀這種渾然天成的「大方」果真不是蓋的！
最近也聽說SKE48的古田奈和會在握手會時，蹦蹦跳跳迅速走位。她那不放過任何機會的模樣也獲得了「神對應」的評價。
反之，AKB48的帕露露（島崎遙香）就有著「鹽對應」的評價。
看到粉絲有些愛理不理，所以網路上也常有人對她這種個性不以為然。
大家都覺得她是一個不太討喜的女孩。
有一次，Request Hour演唱會結束後，我偶然在後台看見帕露露往我的方向走過來。
其實我看Team4的劇場公演時，只有看過帕露露兩度成為舞台上的中心歌手。
當時Team4裡的成員中，我只支持咪喔琳（市川美織）一個人。

那時我想到自己從來沒有和帕露露搭過話，所以當下便決定向她打聲招呼。
帕露露最近很活躍喔。
我也會替妳加油的。
帕露露一瞬間面露驚訝的表情。
接著她這麼回答…
明明就是來看小檸檬！
咦？
看樣子我只擁護市川美織的消息，也傳到其他ＡＫＢ成員的耳朵裡了。
大家除了稱呼市川美織為「咪喔琳」之外，也會叫她「小檸檬」。
好想
變成
新鮮的
檸檬喔～

被你發現了！
因為我突然向她搭話，才會讓她脫口說出那句話。
被我發現了吧！
嗯～這個反應真不錯！
這就是傳說中的「鹽對應」嗎？
這時，跟我一起被請來炒熱 Request Hour 氣氛的評論家**宇野常寬**和**濱野智史**也湊過來找帕露露聊天。
不過帕露露似乎覺得自己的發言有些沒禮貌。
但對於她的態度，我倒是完全不在意。
這是因為她看到我這個長輩時，卻想試著用朋友間講話的方式直接攀談，這點讓我個人相當欣賞。

可能她那時沒想到我會出聲打招呼吧？雖然那個瞬間看得出她先是嚇了一跳，接著卻還是回了一句：「**明明就是來看小檸檬！**」。
原來這就是她進入幽默狀態時的樣子。
明明就是來看小檸檬！
還有那句**「被我發現了吧！」**也許有人會覺得這樣說很「亂入」，但我倒覺得她的反應超快。
帕露露居然會馬上說出這類「親暱」的損人話語，其實還蠻厲害的！
被我發現了吧！
我的確不知道帕露露在握手會上，是如何對粉絲們施展「鹽對應」。
但這個本來就不擅長和他人打成一片，也不怎麼會討好別人的女孩，居然會對我展現出這種「很親暱的鹽對應」。
仔細想來這種感覺也還不錯呢！
後來我也看到帕露露更令人出乎意料的一面。
大家為了在熱鬧的Request Hour網路直播上討論事情，當時甚至還會舉行餐會。
當然，宇野先生等人也一同共襄盛舉。
這時我正坐在秋元康先生的面前討論事情。
同時也很幸運地，剛好坐在美優紀的旁邊…
右側斜前方的位置則坐著帕露露和橫山由依。
接著中森明夫、宇野、濱野，這三人也靠過來…
帕露露接下來的反應，讓我覺得很有趣。

討厭。怎麼又來了。
好可怕喔。
看樣子是因為剛才在走廊被這些大叔給逮到，現在又看到他們湊過來，才會感到害怕吧？
帕露露竟然直接地用「鹽對應」對付只支持自己的濱野！
在親眼見證到帕露露完全不想討好他人的模樣後，我真的開始喜歡起她來了。
順道一提，當時指原莉乃也在現場。但她卻說了一句很讓我傻眼的話。
好好喔。我也好想被選進UGN（不背叛粉絲）48裡面喔！
還不就是因為像妳這種背叛粉絲的成員開始變多，才會讓我舉辦那玩意兒！
指原很厲害！
在我面前不但完全不緊張，還用很隨便的坐姿大喇喇地表示自己「也想進入UGN48的名單」當中！

河西智美的巨乳照觸犯了日本兒童色情法，引發軒然大波，但我卻覺得在法律上這件事情有點可笑，因此我在幻冬社出版的《開戰前夜》單行本上徹底表態支持河西智美。

正常人才不敢輕易說出這種厚臉皮的話。
看到她這樣子，不禁讓我聯想到專門管妓女的「老鴇」。
她給我的印象，就是那種跌倒了也會若無其事爬起身的女人。
有好姑娘可以挑喔。
看看喔。
這傢伙說不定會成為泉平子那一型的女藝人。
指原離席後，我看到板野友美和河西智美兩人表情嚴肅地交談。
雖然我的旁邊正坐著美優紀，但是我滿腦子卻是在想到底該如何才能為「巨乳照」事件中的河西加油打氣。
嗯，我知道咪喔琳
可是我不是咪喔琳，是咪喔琳…
於是，我突然開口向河西說出自己的看法。
妳們在談巨乳照事件嗎？我認為這件事妳一點都沒有錯！
我現在正準備為這事件畫一篇作品，好證明社會大眾的想法才是錯的！
妳千萬別喪失自信！

那時我一心只想鼓勵更多ＡＫＢ成員，盡力讓受到挫折的她們重拾信心。
直到河西恢復笑容後，我才放心。
但糟糕的是美優紀已經離開坐位了。
這都是我忙著向每個成員打招呼，
在一心多用的情況下，把美優紀叫成「咪喔琳」。
不但讓她不開心，也忽視她的存在，最後我們什麼話也沒聊。
美優紀正是因此才會在我沒注意到的時候離開座位。
都怪我自己的怪脾氣。
明明好不容易有機會和美優紀聊天。
我根本沒資格嚷嚷著最大夢想就只是跟自己支持的成員說說話。
都這把年紀了還做這種事！
女人心真是海底針啊。
真虧秋元康可以率領那麼多女孩子的團隊。
這是我絕對做不來的啊！
美奈，你說說看。
像剛才那種場合，
妳會不會覺得我到處串門子的樣子就像在逛酒店？

※狼吞虎嚥
我認為男人只要待在女人聚集的地方，就算是校園或公司也會有類似的感覺。
話說回來，老師還真是錯失和美優紀說話的良機呢。
其實，我也發現高橋南正坐我的身旁喔。而且還自顧自地吃個不停。
もぐもぐもぐもぐもぐ※
我覺得那女孩和妳有幾分相似喔！
她應該是那種熱血運動女孩吧？
還有島田晴香，她是自己過來跟我聊天。
羞答答的樣子看起來挺可愛的。
咪喔琳則是一個人坐在播放AKB演唱會的螢幕前，不斷手舞足蹈。
那孩子看起來真的很喜歡AKB呢。
老師！讓我們保護咪喔琳吧！
沒錯！一定要好好保護咪喔琳！

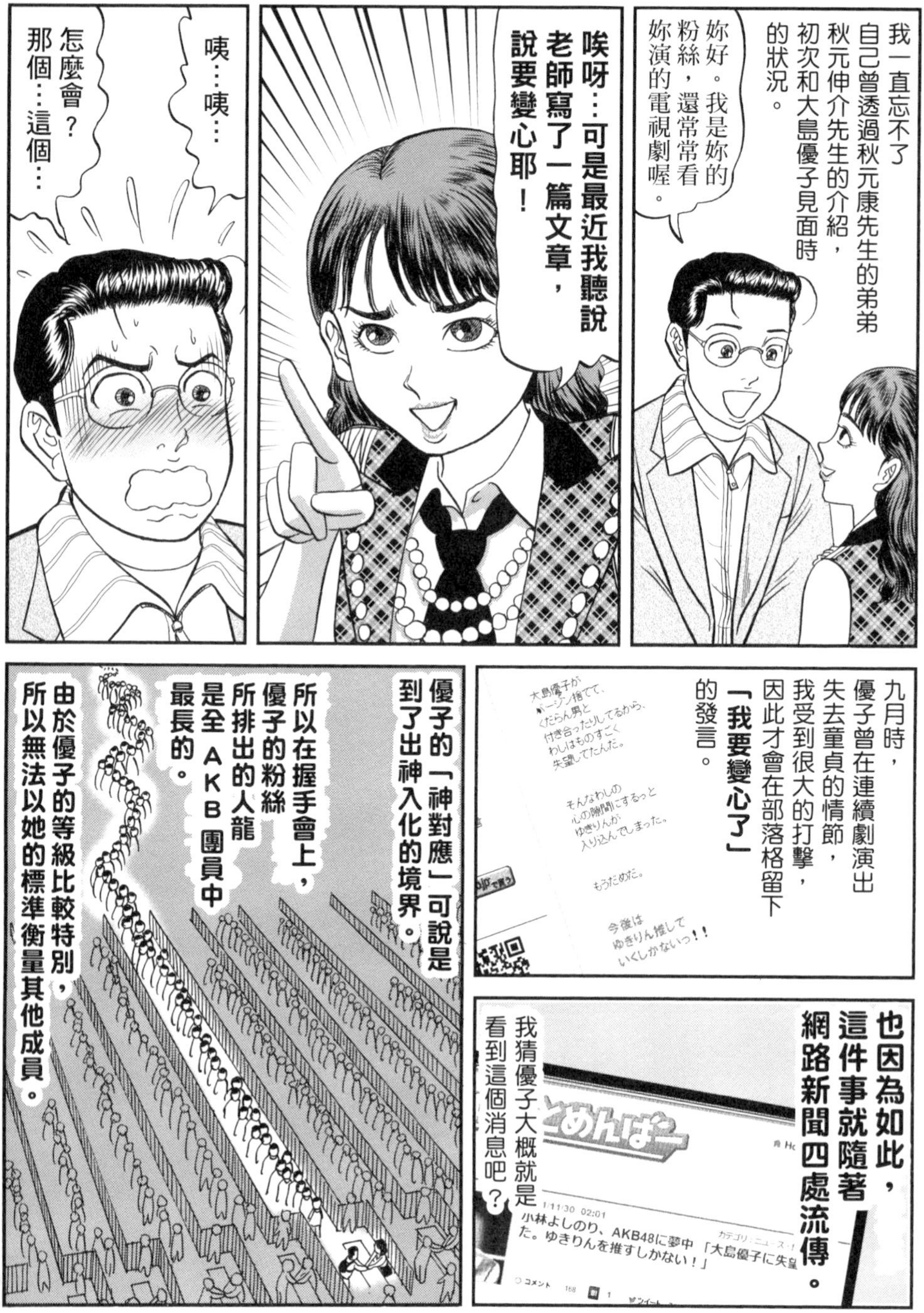
我一直忘不了自己曾透過秋元康先生的弟弟秋元伸介先生的介紹，初次和大島優子見面時的狀況。
妳好。我是妳的粉絲，還常常看妳演的電視劇喔。
唉呀…可是最近我聽說老師寫了一篇文章，說要變心耶！
咦…咦…
怎麼會？那個…這個…
九月時，優子曾在連續劇演出失去童貞的情節，我受到很大的打擊，因此才會在部落格留下「我要變心了」的發言。
大島優子が
バージン捨てて、
くだらん男と
付き合ったりしてるから、
わしはものすごく
失望してたんだ。
そんなわしの
心の隙間にするっと
ゆきりんが
入り込んでしまった。
もうだめだ。
今後は
ゆきりん推して
いくしかないっ！！
優子的「神對應」可說是到了出神入化的境界。
所以在握手會上，優子的粉絲所排出的人龍是全ＡＫＢ團員中最長的。
由於優子的等級比較特別，所以無法以她的標準衡量其他成員。
也因為如此，這件事就隨著網路新聞四處流傳。
我猜優子大概就是看到這個消息吧？
1/11/30 02:01
カテゴリ：ニュース・
小林よしのり、AKB48に夢中「大島優子に失望
た。ゆきりんを推すしかない！」
コメント 168

我曾經上過談話性節目「OUT×DELUXE」。
節目中，我和大家談了有關ＡＫＢ的事。
因此…
我看待每個成員就像是自己的女兒、孫子一樣。
我脫口說出了這段話。
之後從藝人席…
不過老師一定還是會有想交往看看的成員吧？
有人這麼吐槽著。
為了配合綜藝節目的效果，於是我就這麼回答當作笑點。
如果是大島優子的話我應該就OK。
あははははは
※啊哈哈哈哈哈！
結果我卻在網路上受到非常惡質的抹黑！
到處都大肆宣傳著「小林善紀想跟大島優子上床！」的莫須有謠言。
反小林善紀分子和反ＡＫＢ分子彼此沆瀣一氣，趁機把我形容成變態老頭。
後來我因為擔心優子沒看過節目只聽到網路流言，可能會招來她本人嚴重誤會。
所以武道館演唱會結束後，我想辦法躲在優子看不到的地方。

但還是當場被她發現了。
啊啊啊啊啊……是小林善紀！
於是我默默地，出手作勢阻止她，很沒禮貌地表達出「夠了夠了，別靠近我。」
優子只好從我的面前走過去，接著停在樓梯間對我說：
知道老師說出那句話後，我其實很開心喔。
咦？

因為老師說
全AKB的成員裡，
只有我會被老師
當成女人看待。
原來優子
是要拯救我！
由於我在電視節目上
脫口說出的那句話，造成
自己被網路鄉民大肆抹黑，
而知情的優子因為在意我們
的關係會變得很尷尬，
所以為了打破僵局
才會刻意那樣說。
謝謝…
或許有些女孩會立刻反應：
「別在意那種小事啦」，
選擇一笑置之。
但優子卻立即感覺到
若以這樣的說詞圓場，
反而會侵犯到我的自尊。

既然對方是身為評論家的小林善紀，優子便判斷自己該用專業偶像或女藝人的涵養來對話！
若假惺惺地不老實以「女性」的立場說出自己的想法，那麼她就不配當女藝人了！
多麼聰明啊！
多麼溫柔啊！
優子成熟的態度，讓身為長輩的我顯得小家子氣！
過去我採訪過的藝人藤彩子也有類似的氣質。
當年藤彩子以破竹之勢快速走紅時，我有幸和 Burning Production 的社長同席，並且和她一同在餐會中進行訪談。
那時我強烈認為彩子「不只擁有妖艷成熟的魅力，而且還有極佳的社交能力」。自從成為她的粉絲後，我也有好幾次訪問她的機會，也經常參加她的演唱會。

即使是現在，我作畫時的墊板還是會用彩子的寫真集。
我認為優子這個女孩和彩子一樣，擁有妖艷成熟的性感，還有極佳的社交能力。
但那時的彩子已歷經了戀愛、結婚、生產、生離、死別，是一位經歷過許多人生大事的演歌歌手。
但優子只有二十三歲！才二十三歲就可以用「神對應」準確讀出成年男子的內心。
光是這點就能讓人覺得她是一個無法忽略的女孩！
最危險的就是，我的內心當時已經開始動搖。
換句話說，我對她產生出愛慕情愫。
真是魔性之女。

優子在握手會上是全 AKBG 人氣最高的成員。劇場版的 CD 雖然會附上個別握手會的參加券，但優子的粉絲通常會瞬間掃光全部 CD。雖說今年總選舉的結果不如預期，但實質上人氣最高的還是非優子莫屬。

此時我忽然覺得，優子已經沒必要繼續留在AKB裡了！
她現在正是以成為出色女藝人為目標的時候！
不過優子還在AKB時，我至少還能看看優子。
成為一般女藝人後，也許就再也沒機會和她見面了。
如果從AKB畢業後，那麼也就表示她就無須再遵守禁愛令了。
只要想到那一天的來臨，我就覺得自己會後悔到老淚縱橫！
大島優子熱愛!!
只要優子一離開AKB，就沒有成員能被我當成女性了。

雖然「優子應該成為一般女藝人」這句話說得很輕鬆，可是一旦優子退團後就會對CD的銷售量產生重大打擊。在考量這一點後，我還是希望優子別太早畢業比較好。

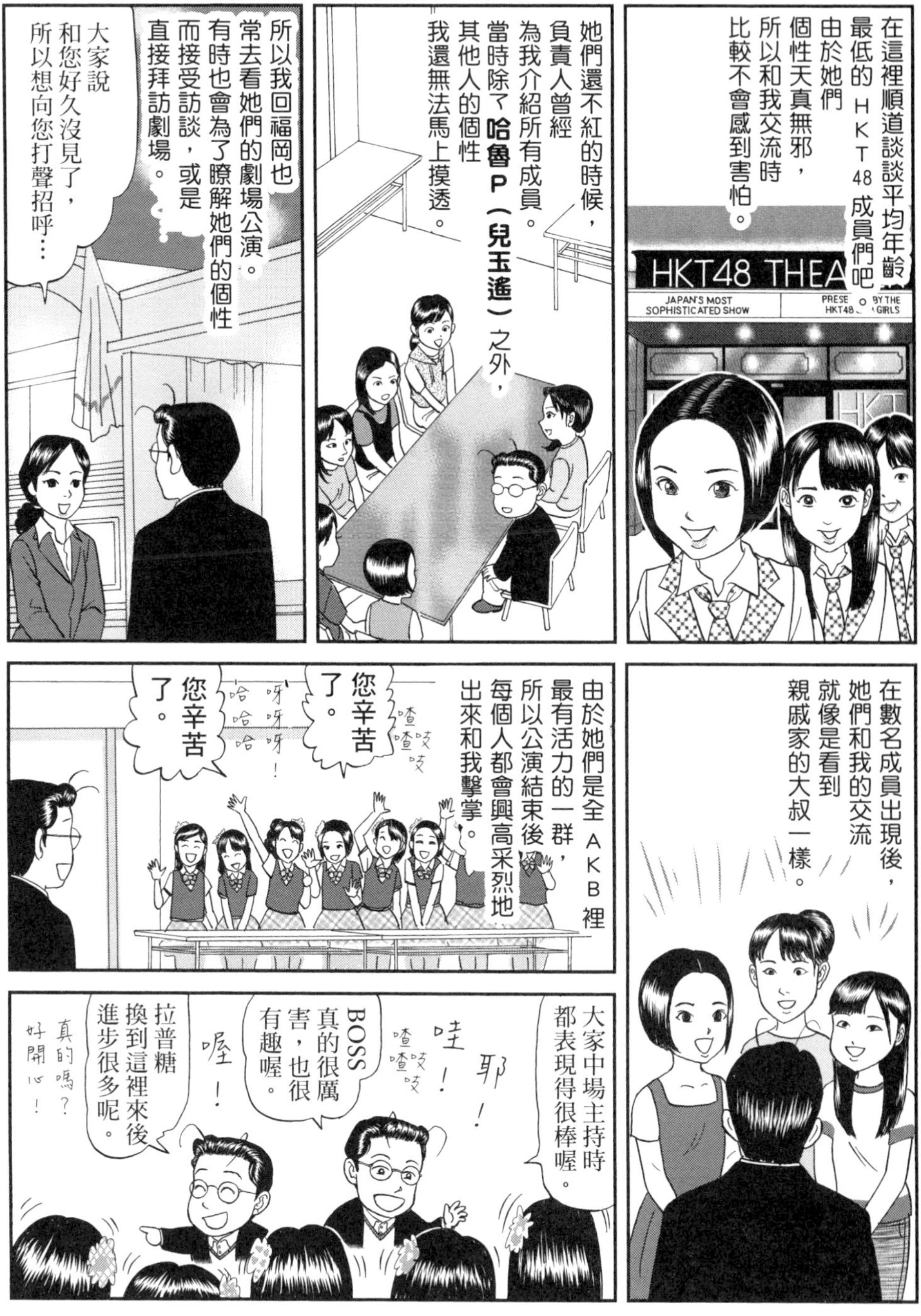

在這裡順道談談平均年齡最低的HKT48成員們吧。
由於她們個性天真無邪，所以和我交流時比較不會感到害怕。
HKT48 THEA
JAPAN'S MOST SOPHISTICATED SHOW
她們還不紅的時候，負責人曾經為我介紹所有成員。當時除了哈魯P（兒玉遙）之外，其他人的個性我還無法馬上摸透。
所以我回福岡也常去看她們的劇場公演。有時也會為了瞭解她們的個性而接受訪談，或是直接拜訪劇場。
大家說和您好久沒見了，所以想向您打聲招呼…
在數名成員出現後，她們和我的交流就像是看到親戚家的大叔一樣。
由於她們是全AKB裡最有活力的一群，所以公演結束後每個人都會興高采烈地出來和我擊掌。
嗒嗒吱吱
您辛苦了。
呀呀呀！
哈哈哈
您辛苦了。
大家中場主持時都表現得很棒喔。
哇！
耶！
嗒嗒吱吱
BOSS真的很厲害，也很有趣喔。
喔！
拉普糖換到這裡來後進步很多呢。
真的嗎？好開心！

這時，博多的怪獸
谷真理佳
整個身體攀到桌子上大吼。
那我呢？
那我呢？
那我呢？
谷真理佳
表現得怎麼樣？
大吼大叫的風格已經
無法用「神對應」或
「鹽對應」來區分了。
以前的偶像只會
在經紀人和工作人員的
保護下離開，
同時再和
推擠中的粉絲
揮手道別。
雖然未經歷過山口百惠、
松田聖子等偶像盛況的人們，
會覺得「能見上一面」
的偶像只是很普通的藝人，
但AKB全體成員
盡最大的力量，
不斷服務粉絲的精神
卻是不容小覷！
因為這代表
偶像和粉絲相見
已不再需要先確認身分，
這種變革讓只能從電視螢幕
認識偶像的時代宣告終結！

我第一次看 HKT48 的劇場公演時，兒玉遙(哈魯P)是以中心歌手的身分跳舞。初次見到哈魯P時，我就覺得她有著一副完美的偶像臉蛋。她當時的樣子就像兒童著色簿裡的小女孩。而到了最近，她外貌又向上提升了一點。

據說外國人來日本旅遊時，常會因為貼心的服務而覺得感動。
歡迎光臨。
下一位客人請到這裡結帳。
這個無微不至的服務精神就是日本對抗全球化戰略的武器。
消毒済
SANITIZED
反對分子常常攻擊AKB成員面對粉絲的「神對應」，他們會將之曲解為酒店小姐級的服務，然而這種想法在根本上就是個錯誤。
這些人不過是一群社交能力極差、被個人主義寵壞了的傢伙，充其量只會在雞蛋裡挑骨頭罷了。
隨著人或場合互異，可以臨機應變地作出對應就是日本人的「服務」精髓。
然而近年來的社會卻開始出現「制式化」現象，社會人士變得不再有臨機應變的「神對應」。
這是因為年輕族群太依賴網路，使得個人無法獲得培養「社交能力」，越來越多社會人士產生交際經驗不足的情況。

雖然哈魯P從今年春天開始兼任 Team A 的成員，不過在訪談時我建議她：「進入 Team A 前，就去觀摩一下麻友友在現場的歌舞演出吧」。在訪談結束後過不久，哈魯P人就在秋葉原劇場觀摩 Team A 的演出，而且也立刻將心得放到 Google+ 上。她的行動力真的很令人佩服。

反觀ＡＫＢ團隊裡的少女，
她們必須盡早
提昇自己「社交能力」。
無論是面對
青春期的男孩……
或是女孩……
大叔……
小孩……
甚至是全家大小
一同參加的粉絲，
她們都必須
盡力和對方交流。
而少女們也能樂在其中。
這樣的漫畫各位覺得如何？
「神對應」就是日本人的美學！
「臨對應」也能適時展現出趣味和幽默的一面。
可以配合TPO（時間、場所、場合）發揮的「社交能力」，就是ＡＫＢ式的「神對應」！

專欄 小林善紀的宅男碎碎念 ⑮

2012/12/18

其實我在昨晚的「AKB48紅白歌合戰」裡擔任審查員喔。

當我在休息室時，岩下志麻突然也跟著進來休息室。

那時的我已經嚇呆了。

之後入場時，我發現在審查員的位席上，站著岩下志麻、澤穗希、菜菜緒、清原和博、竹內力。除了我以外，全都是紅透半邊天的名人。

不過，美中不足的是審查員座位的大小，連我都覺得讓各位名人們坐在狹小的位子上，實在太過委屈他們了。

其實我平常就只是待在觀眾席上的粉絲，通常就只會聲援自己喜歡的成員，最多會一邊擺動身體一邊哼著歌罷了。但我這區區一介宅男，昨晚卻成了審查員，這樣的境遇實在是讓我感到很不可思議。

後來主持人讓小林麻耶說說自己上節目的感想時，她卻回道：「我們這些狂熱粉絲會開始坐立難安，就只是因為這裡的座位不太好坐。」結果會場內馬上有人對我們說：「快過來這邊坐吧！」這種安排還真是令人高興呢。

不是我愛老王賣瓜，這次的「AKB48紅白歌合戰」內容真的很豐富。要是有出DVD的話，各位粉絲絕對可以放心下手。

這可不是官方拜託的廣告詞喔。我只是覺得那麼有趣的表演，只讓有參加那晚活動的觀眾們看到實在是太可惜了。既然節目都能作得那麼精采，如果當時場地還能挑在武道館舉辦的話那就更好了。

當時橫山由依與渡邊美優紀唱的〈隔壁的香蕉〉真的是又萌又可愛。還有指原莉乃和北原英里合唱〈雄蕊雌蕊夜之蝶〉時，那搔首弄姿的模樣實在是很可愛，沙喜裝性感的樣子，看了讓人捧腹不已。

不過，我覺得沙喜表演的橋段還挺熟練的。雖然很不願意承認，但我還是必須稱讚她的表演很到位。

此外，我也看到「北川謙二」本尊臉色難看地矗立在中心位置，不過他舞蹈的完整度卻又讓我感到十分佩服。

另外，演唱〈心型病毒〉的杏李玲（入山杏奈、川榮李奈、加藤玲奈）實在是太可愛了。小玲奈的髮型不但很漂亮，而且昨晚露出的可愛笑容也很引人注目。

還有用無伴奏合唱的〈大聲鑽石〉也很棒。

增田有華最後低聲吟唱，其他成員的和聲也配合得很好，看樣子那也是充分練習下的成果。我想這就是為何今年紅組會優勝的主因吧？

接著就是我最喜歡的〈沙灘上的櫻桃〉，中心歌手是松井玲奈，伴舞的成員是市川美織、竹內美宥、武藤十夢等等，雖然玲奈的確很優秀，不過我的目光始終無法離開咪喔琳。

因為她蹦蹦跳跳的舞蹈看起來非常可愛，甚至讓我不由得笑到不能自己。

歌曲結束後，咪喔琳在串場時間

上也說個不停。

我發現咪喔琳最近很積極地開口找話題聊，看得出她很想活絡場內氣氛，感覺上她和大家應對的方式比想像中的還要靈活。

雖然她說的話常常會讓人覺得很好笑，不過這個奇怪女孩可是有確實地成長喔。

另外，板野友美與松井珠理奈的〈UZA〉舞蹈，真的是非常帥氣。

還有柏木由紀，彈得一手高超的原聲吉他，而且還是自彈自唱呢。她當時所唱的〈櫻花花瓣〉也顯露出絕佳的歌唱功力，實在讓我越來越期待她的首張個人專輯啊！

最讓人拍案叫絕的就是由大島優子的獨唱、職業樂團伴奏的〈GIVE ME FIVE！〉

不愧是有職業水準的演奏，氣勢就是特別不一樣！

我認為大島優子能率領樂團靠的就是膽識，還有可駕馭搖滾樂的高超體力。

不知道優子的首張個人專輯會不會帶領樂團一同演奏呢？

最後壓軸就是篠田麻里子了。她唱的〈無人車站〉十分令人讚嘆！

當我看到穿著和服的麻里子大人唱著演歌後，馬上就對麻里子大人的歌唱功力驚為天人！

這個表演真的替紅組加分不少。

最後審查員登上舞台時，會各自把粉紅色的球放入紅色或白色的投票箱中，但是從後面怎麼看都很難看出大家的票是投到哪個箱子。

雖然我覺得投票只算是一個小遊戲，無論投紅色或白色都沒有差別，但我既然身為審查員，就必須嚴格審查。

在開票結果中，審查員與觀眾的票投給紅隊壓倒性地多。我認為這也是在所難免，因為今年紅隊確實有許多精采的表演。

比起這件事，我反而最在意「她們到底是在什麼時候練習啊？」。

她們只為了一個晚上的表演，就能把一首歌曲練習到像是自己的招牌拿手歌的程度，這種精神實在是太了不起了！太偉大了！

而且在中場休息時間，還有鴕鳥俱樂部和竹內力等人串場，工作人員如此錦上添花的貼心安排，讓現場的各位來賓感到十分地歡樂。

我覺得這次的表演量比去年還要濃縮，而且緊張感也是一波接著一波。

我真的很想問問各位，在包含演劇和電影在內的所有演藝表演中，還能有什麼比這個晚上的表演更讓觀眾們感到滿意呢？

最了不起的就是那四小時之內的表演，會讓人在不知不覺間瞬間看完。

現場的觀眾們也很配合表演，我甚至感覺得到大家都和我一樣熱情又投入。

這次我能看得這麼愉快，一定要感謝全體人員一同共襄盛舉！

要是出DVD我一定買下來再看一遍！

第14章

國民化與大眾化

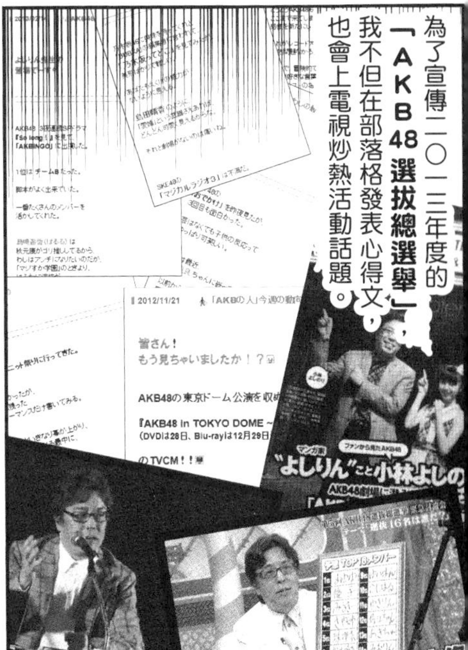

為了投票，我自己也買了
數百張附投票券的ＣＤ，
①咪喔琳（市川美織）
②美優紀（渡邊美優紀）
③麻友友（渡邊麻友）
④大島優子
也照著這樣的順序投了票，
當然，我還幫自己選出來的
「ＵＧＮ（不背叛粉絲）48」
及其他成員投票。
雖然活動原本就沒有
硬性規定一人一票，
不過一次買下數百張ＣＤ
的確是不太正常的行為。
即使是不正常的行為，
卻還是樂於成為一個
熱衷自己興趣的宅男，
一心只為了響應「應援消費」
而大量購入ＣＤ。
據說有些宅男會在事後
大量丟棄ＣＤ，但我個人
並不想造成這類的問題，
所以在購買時
會先給自己制定好規範，
ＣＤ數量就以
「能分送給親友的張數」為標準。
因此在我負責當導師的
「傲宣道場」裡，
我會將三種版本的ＣＤ
分送給一百五十名參加者。
當然，每個人都很樂意收下。
我也會把ＣＤ分送給
親戚家的小孩，
並且順便幫ＡＫＢ作宣傳。
大量購買就是模範
消費法，大家要多
多學習喔！

在第三回總選舉裡，大島優子曾發表過以下感言：
旁觀者看到我們的活動，常常會有很多意見。
質疑總選舉並不是真的一人一票。
「一個人能透過購買好幾片的CD來左右投票數，還算得上是選舉嗎？」針對這件事窮追猛打。
但對我們來說，所有的票都代表粉絲的愛！
AKB允許一個人大量重複投票的體制，當時也引來了政治家的批評。
然而大島優子卻是勇敢地站出來反駁這種看法。
對於她的聰慧，我深感佩服。
有人認為即使能大量投票，也不代表自身擁有大量的愛。
大量重複投票的失常行為確實是一種偏愛的舉動。
但在社會上，「金錢就是愛」卻也是既普遍又現實的道理。
不過，我的「應援消費」則印證了「票數就是愛」的道理。
AKB團隊本來就是為了維持營運，而賺取大量資金。
我認為無論是歌曲、MV、治裝費等等，或者是其他雜費，官方都必須為了維護品質而保持大量的開銷。
基於如此，我才覺得自己必須「應援消費」。

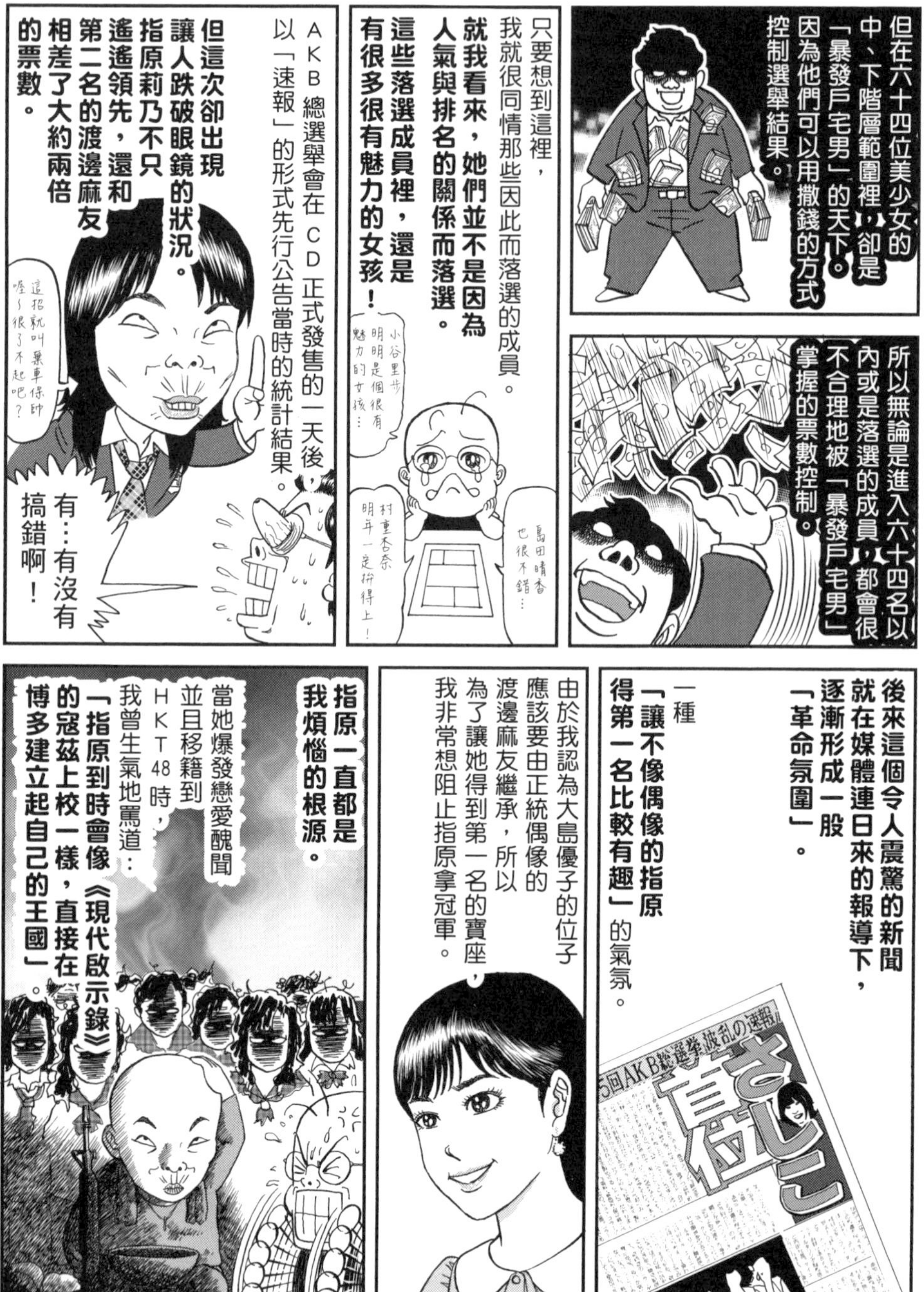
但在六十四位美少女的中、下階層範圍裡，卻是「暴發戶宅男」的天下。因為他們可以用撒錢的方式控制選舉結果。
所以無論是進入六十四名以內或是落選的成員，都會很不合理地被「暴發戶宅男」掌握的票數控制。
只要想到這裡，我就很同情那些因此而落選的成員。
就我看來，她們並不是因為人氣與排名的關係而落選。
這些落選成員裡，還是有很多很有魅力的女孩！
小谷里步明明是個很有魅力的女孩⋯
島田晴香也很不錯⋯
村重杏奈明年一定拚得上！
AKB總選舉會在CD正式發售的一天後，以「速報」的形式先行公告當時的統計結果。
但這次卻出現讓人跌破眼鏡的狀況。指原莉乃不只遙遙領先，還和第二名的渡邊麻友相差了大約兩倍的票數。
這招就叫棄車保帥喔～很了不起吧？
有⋯有沒有搞錯啊！
後來這個令人震驚的新聞就在媒體連日來的報導下，逐漸形成一股「革命氛圍」。
一種「讓不像偶像的指原得第一名比較有趣」的氣氛。
5回AKB総選挙波乱の速報
由於我認為大島優子的位子應該要由正統偶像的渡邊麻友繼承，所以為了讓她得到第一名的寶座，我非常想阻止指原拿冠軍。
指原一直都是我煩惱的根源。
當她爆發戀愛醜聞並且移籍到HKT48時，我曾生氣地罵道：「指原到時會像《現代啟示錄》的寇茲上校一樣，直接在博多建立起自己的王國」。

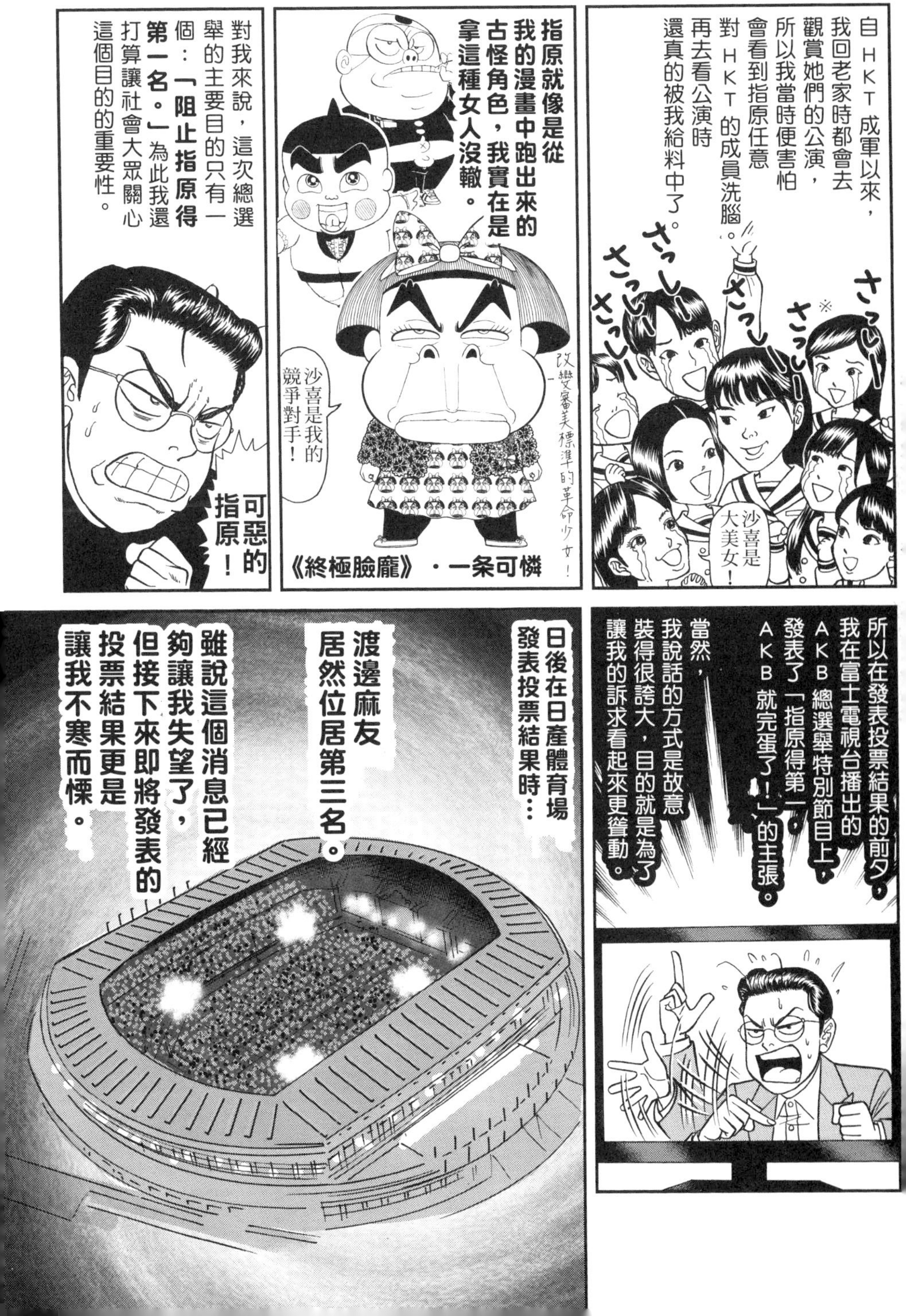
自HKT成軍以來，
我回老家時都會去
觀賞她們的公演，
所以我當時便害怕
會看到指原任意
對HKT的成員洗腦。
再去看公演時
還真的被我給料中了。
さっしー
さっしー
さっしー
さっしー
さっしー
さっしー
沙喜是大美女！
指原就像是從
我的漫畫中跑出來的
古怪角色，我實在是
拿這種女人沒轍。
改變審美標準的革命少女！
沙喜是我的競爭對手！
《終極臉龐》・一条可憐
對我來說，這次總選
舉的主要目的只有一
個：「阻止指原得
第一名。」為此我還
打算讓社會大眾關心
這個目的的重要性。
可惡的指原！
所以在發表投票結果的前夕，
我在富士電視台播出的
AKB總選舉特別節目上，
發表了「指原得第一，
AKB就完蛋了！」的主張。
當然，
我說話的方式是故意
裝得很誇大，目的就是為了
讓我的訴求看起來更聳動。
日後在日產體育場
發表投票結果時…
渡邊麻友
居然位居第三名。
雖說這個消息已經
夠讓我失望了，
但接下來即將發表的
投票結果更是
讓我不寒而慄。

順道一提，後來我聽說在指原確定得第一時，電視上還能看到我一臉失望的表情。
看得出來很不爽呢…
其實那時我是因為看到觀眾席漸漸有粉絲離去，所以才會露出驚訝的表情。
接著公布第二名時，被唸到的名字就是大島優子了。
指原莉乃篤定奪得第一了！
果然是這樣的結果！
然而現場氣氛卻陷入一片無言。
這絕對不是我的主觀看法。
《AERA》雜誌後來發表了一篇專文，標題為《AKB「指原壓倒性勝利」的真相》。
「在確定指原是本屆總選舉的第一名時，同時也就是大島優子（現年二十四歲）公布獲選為第二名時，日產體育館（橫濱市）現場明顯飄散出死寂的氛圍。而在大島優子說完得獎感言後，也有為數不少的粉絲開始離席而去。」
大分和福岡的指原粉絲們當時肯定是歡聲雷動……
ウオオー※
※喔喔喔！

大島優子的得獎感言其實相當出色。
但有些人把她的感言解讀成「不甘心」輸給指原，我只能說這種見解真的很膚淺！
我曾在部落格上貼了一篇「AKB這座小廟，已經容不下大島優子這尊大佛」。
AKB48という器は、大島優子にとってもう小さすぎる
アイドルというジャンルは、すでに優子は制覇した。
それは総選挙の結果など関係ない。
1位だろうが2位だろうが3位だろうが、もう優子がアイドルの天下を獲っている。
因為我認為優子的實力在AKB裡不但第一名，也強到可以正式踏上專業女演員之路。
優子說了這句話：
總覺得自己一滴眼淚都流不出來⋯
只能笑著把這種感覺給忍住。
部分支持指原的狂熱粉絲似乎對這句話很反感，因此也很不客觀地曲解成大島優子輸得很不甘心。
但可別忘了投給指原的人其實不到總投票人數的六%，就算指原有幸奪冠也還是該認清楚這個事實。
至於那些沒有投給指原，占總投票人數九四%的粉絲們，對於結果則是「無法接受而無言以對」。
因為大家從來沒看過這樣子的總選舉。
就連身在公關席上的前田敦子也看得目瞪口呆。

對於看過前田敦子對抗大島優子的人來說，
當時的「偶像審美觀大戰」可謂是盛況空前。
但這次如此讓人大失所望的結果，
實在是感動不起來。
因為大家本來期待的是一個感天動地的場面。
可是結果不但事與願違，
還讓大家心情久久無法平復！
由於這個活動是演藝圈中的盛事，
所以為了揮去現場「一片無言」的氣氛，
優子不得不用得獎感言
緩和眾多粉絲的情緒。
因為有優子那句：
「只能笑著把這種感覺給忍住」，
才能使現場粉絲跟著心想：
「哈哈哈…就是說啊」，
無奈地一笑置之。
還有優子的這句玩笑話，
也巧妙地化解「無言」
的尷尬氛圍。
沒想到這次會被她（指原）越過我立下的高牆。
由於指原是觸犯了禁愛令，所以才能在移籍HKT後，順勢成為「劇場裡的老大姐」、「搞笑百寶箱」。這種走綜藝咖路線以提高知名度的方法，是AKB歷代中心歌手難以認同的價值觀。
指原如此發展，就像是不採取正面攻擊，反而「從旁迂迴越過」優子這座高牆。

優子還說：
不知道ＡＫＢ今後會變成什麼樣的喜劇天團呢？
……說到這裡，粉絲們才總算認識到指原是新一代的中心歌手，並開始在會場內出現溫和的笑聲。
這時「ＡＫＢ有這樣的演變，說不定也會很有意思」的想法，終於讓九四％的粉絲們達成共識。
優子是為了說服九四％的粉絲，才發表那樣的感言。她是為了確保ＡＫＢ的秩序。
過去新日本職業摔角正流行時，曾經出現過粉絲因為不滿比賽結果，而在會場內暴動。
即使接下來的比賽已經正式開始，卻還是有人把公物拆下來砸到擂台上。
雖然這場盛大的活動沒有出現萬眾期待的感人場面，但大家卻不會因此而鬱鬱寡歡！
多虧了大島優子說服大家，才能把這次的總選舉視為一場「祭典」。

回想起來優子在成為候選人時，曾經發表過「祭典要開始囉！」的訊息。
48 32ndシングル選抜
祭
大島優子
結果卻很不巧地讓優子一語成讖！
優子的感言發揮了非常巧妙的效果。她先是「克服了會場內的無言氣氛」，也為眾人帶出「AKB即將在指原的活躍下重獲新生的期待感」。
真是聰慧的好女人啊…
如果我再年輕十歲就好了…
接著就是指原莉乃的第一名得獎感言了。
優子！我該怎麼辦啦？
此時，我突然領悟到一件事。
這次的總選舉並不會產生出任何「權威」。
因為指原依然屈居於真正的「權威」大島優子之下。
從其他方面來看，指原這個「廢材」正好適合這種得獎感言。
要是有人作出怪怪的歌怎麼辦？

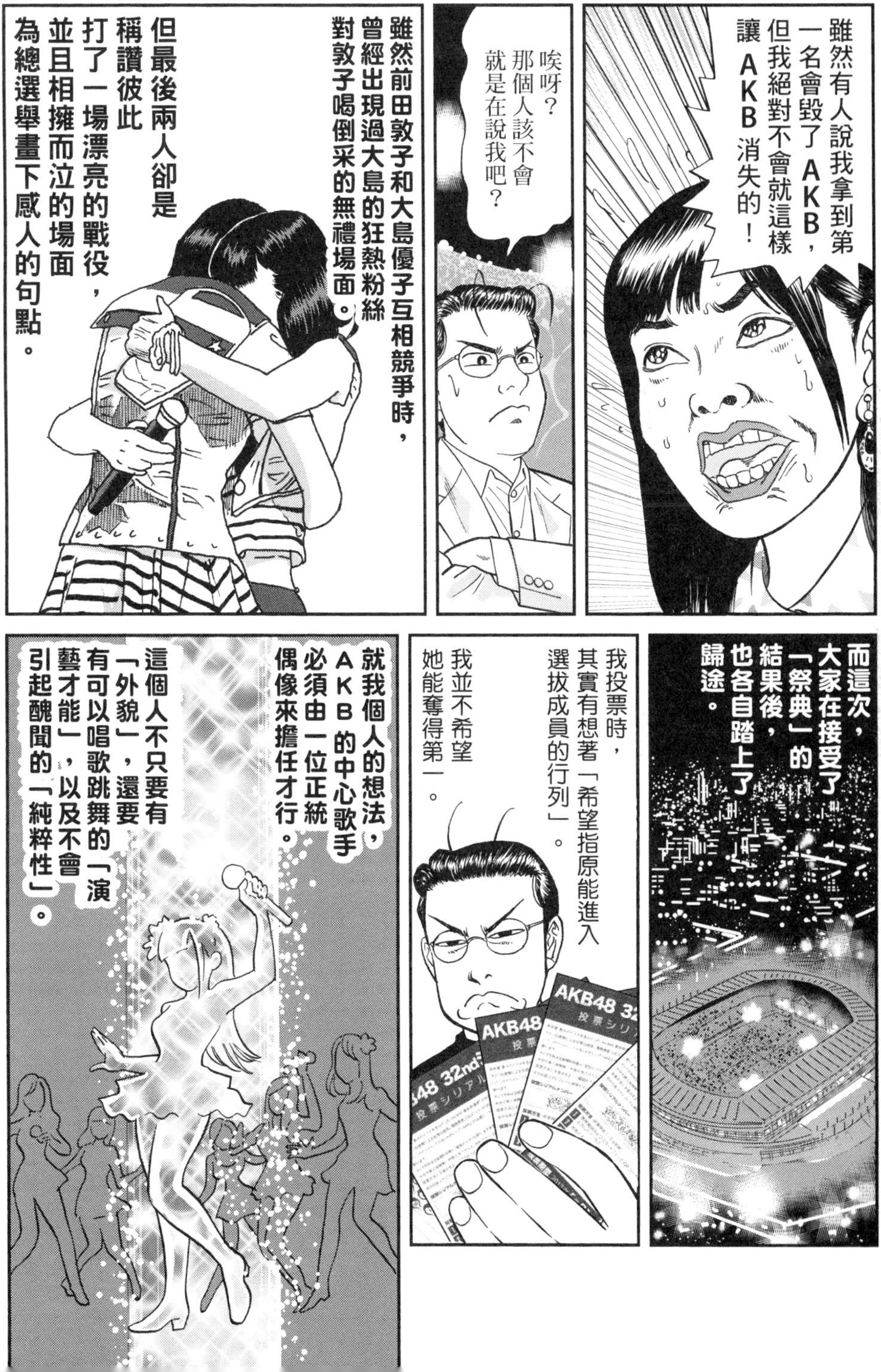
雖然有人說我拿到第一名會毀了AKB，但我絕對不會就這樣讓AKB消失的！
唉呀？那個人該不會就是在說我吧？
雖然前田敦子和大島優子互相競爭時，曾經出現過大島的狂熱粉絲對敦子喝倒采的無禮場面。
但最後兩人卻是稱讚彼此打了一場漂亮的戰役，並且相擁而泣的場面為總選舉畫下感人的句點。
而這次，大家在接受了「祭典」的結果後，也各自踏上了歸途。
我投票時，其實有想著「希望指原能進入選拔成員的行列」。
我並不希望她能奪得第一。
就我個人的想法，AKB的中心歌手必須由一位正統偶像來擔任才行。
這個人不只要有「外貌」，還要有可以唱歌跳舞的「演藝才能」，以及不會引起醜聞的「純粹性」。

有評論家認為指原之所以會獲勝，就是因為她看起來很像被下放到小單位的上班族，最後終於熬出頭重返總公司，才會引起許多人的共鳴。
但我很受不了為何常有人喜歡捏造出這種廉價的故事情節！
指原自從上了電視節目《笑笑也無妨！》後，便開始在全國各大電視媒體露臉，而且也從未說過自己被下放到小單位。
還有飛到雅加達的ＪＫＴ48，以及上海的ＳＮＨ48。是不是也要因為她們沒在日本國內媒體露臉，就稱她們是被下放到偏遠單位呢？
指原把自己「因戀愛醜聞而移籍」的事實當成搞笑橋段，不但在電視上徹底曝光，也在獲得全國級知名度後成了「綜藝型藝人」。
照片被拿去賣了！
好鐵齒的人喔！
へ
ひひひ！
わははは，
あははは！
對身為電視觀眾的輕度指原粉絲來說，這次的總選舉就是「革命氛圍」擴張開來的結果。
也因此ＡＫＢ48的規模從不上節目只在秋葉原劇場活動，發展到足以影響電視圈的偶像團體！
但問題就在於渡邊麻友、島崎遙香、松井珠理奈、松井玲奈、山本彩、渡邊美優紀、兒玉遙、宮脇咲良、田島芽瑠等人。難道這些「正統偶像」們的出路就非得轉為逗人發笑的「通告藝人」不可嗎？

既然電視節目收視率一%就等於日本有一百萬人收看到的，那麼在決定ＡＫＢ的中心歌手時，大家就必須開始重視這類「綜藝型藝人」的素質。
而「大眾性」卻有著親近觀眾、對觀眾無害的特徵。
一旦成為有「大眾性」的藝人後，就必須將自己塑造成比觀眾還卑下的角色。
由於我曾經畫過《傲骨精神宣言》，因此在社會上帶給大家的印象是一個很「嚴厲的人」。
権威よ死ね
384ページ
為了跟大家聊ＡＫＢ，我必須顛覆原本的形象。
所以形成的反差不但會讓人覺得驚奇，也會讓大家覺得我是「很歡樂」以及「怪怪的」「說話毒舌」的人。
OUT
要是我持續用這種模樣在電視上曝光，那麼我就會被貼上「大眾化」的標籤，成為人見人愛的開心果。
但我的「態度」恐怕也會隨之蕩然無存，難以在社會上論述國家大事。
AKBの人
よしりん※
偶像也一樣。
如果開始扮醜耍笨，那麼偶像的光環就會消失無蹤。

※善紀哥是支持AKB的人

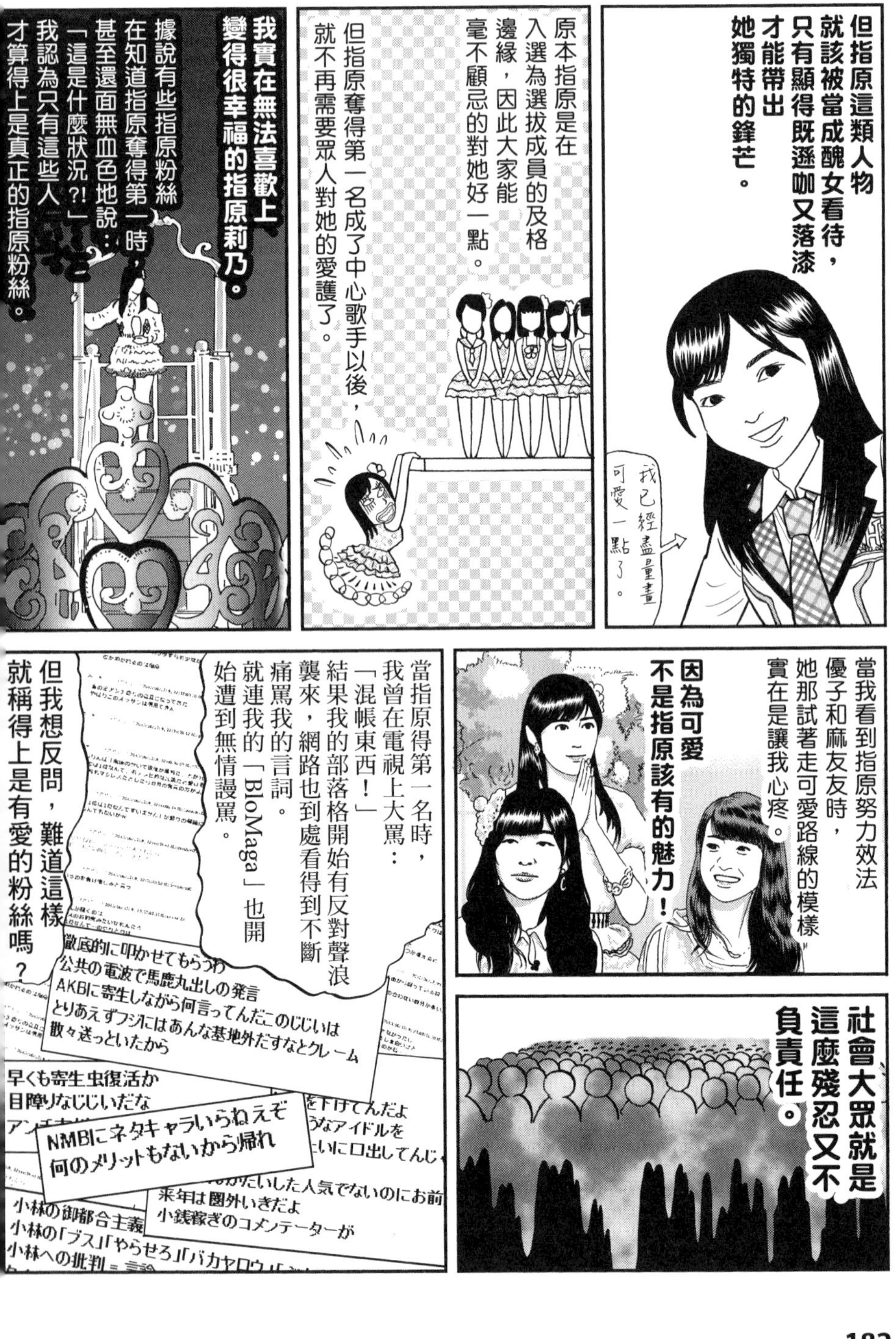

但指原這類人物
就該被當成醜女看待，
只有顯得既遜咖又落漆
才能帶出
她獨特的鋒芒。
我已經盡量畫
可愛一點了。
原本指原是在
入選為選拔成員的及格
邊緣，因此大家能
毫不顧忌的對她好一點。
但指原奪得第一名成了中心歌手以後，
就不再需要眾人對她的愛護了。
我實在無法喜歡上
變得很幸福的指原莉乃。
據說有些指原粉絲
在知道指原奪得第一時，
甚至還面無血色地說：
「這是什麼狀況?!」
我認為只有這些人
才算得上是真正的指原粉絲。
當我看到指原努力效法
優子和麻友友時，
她那試著走可愛路線的模樣
實在是讓我心疼。
因為可愛
不是指原該有的魅力！
社會大眾就是
這麼殘忍又不
負責任。
當指原得第一名時，
我曾在電視上大罵：
「混帳東西！」
結果我的部落格開始有反對聲浪
襲來，網路也到處看得到不斷
痛罵我的言詞。
就連我的「BloMaga」也開
始遭到無情謾罵。
但我想反問，難道這樣
就稱得上是有愛的粉絲嗎？
徹底的に叩かせてもらうわ
公共の電波で馬鹿丸出しの発言
AKBに寄生しながら何言ってんだこのじじいは
とりあえずフジにはあんな基地外だすなとクレーム
散々送っといたから
早くも寄生虫復活か
目障りなじじいだな
NMBにネタキャラいらねえぞ
何のメリットもないから帰れ
来年は圏外いきだよ
小銭稼ぎのコメンテーターが
小林の御都合主義

至於那九四%沒有投票給指原的粉絲們，我想他們應該太多人認為ＡＫＢ的中心歌手，必須要由「正統偶像」來擔任吧？
不過，ＡＫＢ有許多既可愛又有個性的女孩，再加上明年乃木坂46也有可能成為候選人，所以大家的票源也許會相對分散。對身為「大眾偶像」的指原而言，這種情況可說是相當地有利。
我想明年總選舉的主題就是「ＡＫＢ有辦法回到正統派的天下嗎？」
因此對於從去年第二名掉到今年第三名的渡邊麻友來說，明年將面臨人生中最重要的考驗。
第3位 101,210票
わたなべ まゆ
渡辺 麻友 19歳
昨年順位 第2位
原本渡邊麻友目標就是要在今年突破優子這道防線，並且順利奪得第一名的寶座。但希望落空的她卻沒有灰心喪志，發表感言時仍保持一貫冰雪聰明的大方儀態。
今年的目標本來是想成為第一名，但想到這次卻拿到第三名，老實說我自己也覺得很不甘心。
不過在這一年間，和各位一起努力的時光讓我過得非常充實愉快，因此我認為自己算是一個很幸運的人。

自從我十二歲進入AKB48以來，今年已經第七年。
這段時間內，我不只看著一期生和二期生前輩們的背影，同時也持續進行著活動，同時也從中瞭解到一個道理。
那就是成為中心歌手是一件很困難的事。
不過我也因此知道成為中心歌手後，獲得粉絲的認同才是最困難的目標。
和其他成員相比，我對自己為AKB48所付出的心力很有自信，
未來我也將秉持著這種態度…
雖然這次只獲得了第三名，但也讓我瞭解自己還有進步的空間，
因此我會把這個希望記在心裡，讓自己的實力更上一層樓！

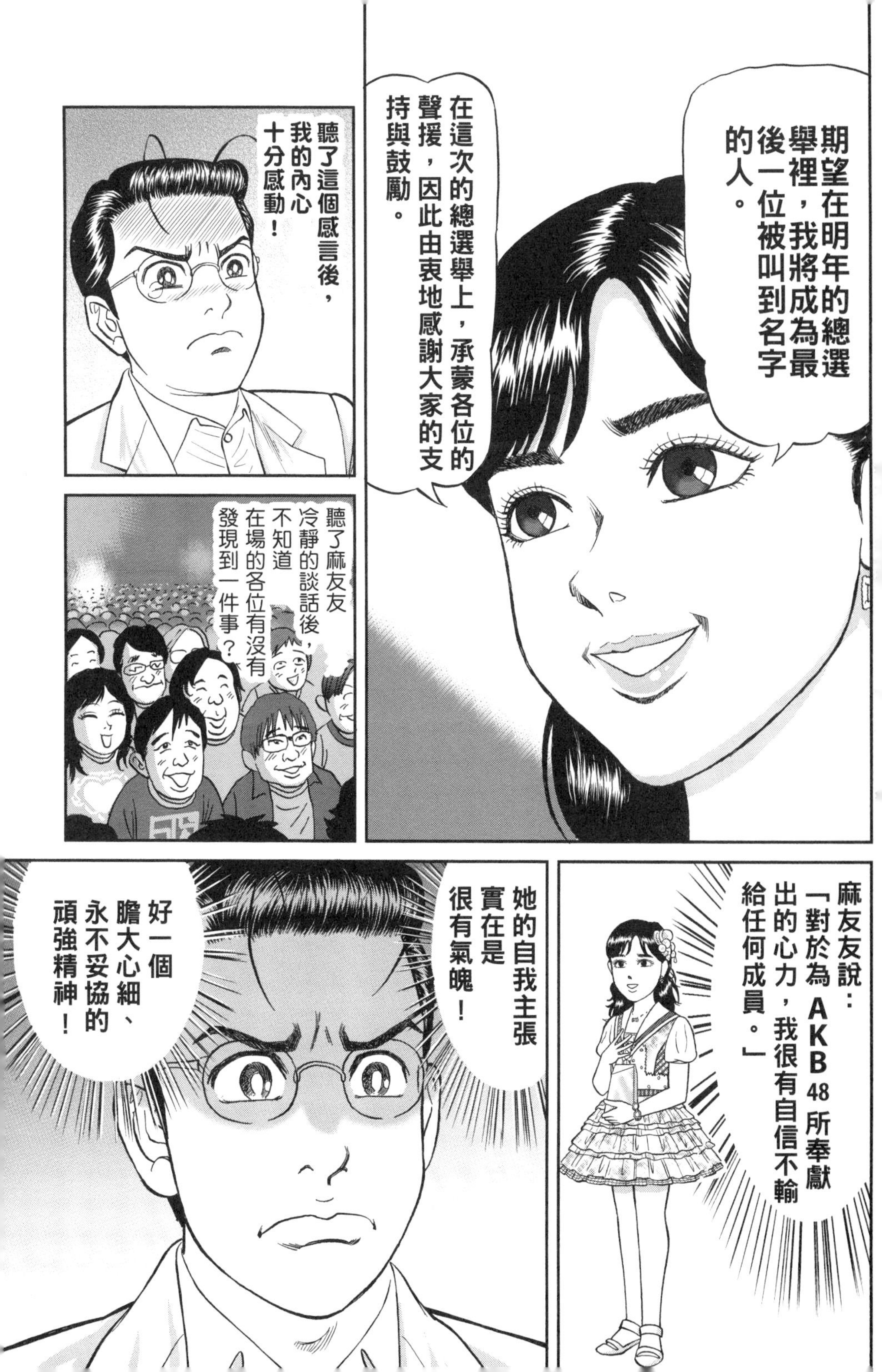
期望在明年的總選舉裡，我將成為最後一位被叫到名字的人。
在這次的總選舉上，承蒙各位的聲援，因此由衷地感謝大家的支持與鼓勵。
聽了這個感言後，我的內心十分感動！
聽了麻友友冷靜的談話後，不知道在場的各位有沒有發現到一件事？
麻友友說：「對於為AKB48所奉獻出的心力，我很有自信不輸給任何成員。」
她的自我主張實在是很有氣魄！
好一個膽大心細、永不妥協的頑強精神！

在她十二歲入團後的七年間，AKB成員陸續爆發醜聞，
而麻友友則是自詡為真正的求道者，並且為AKB48貢獻出自己的心力。
雖然麻友友乍看之下只是個乖寶寶。
沒想到她的內在卻有一股不服輸的精神，以及不輕易妥協的精神正在隱隱燃燒！
這是麻友友的絕招・寶塚架勢！
因為麻友友很喜歡寶塚劇團，所以表達出來的純粹少女心讓她顯得更可愛。
不過麻友友的表達方式卻一點也不露骨。
既美麗又不失風範！
相比之下，我第一次跟麻友友見面時，她打招呼的態度顯得非常謙虛⋯⋯
我是渡邊麻友。
當時看起來就像是一個靠近猛獸的小動物。

我記得在NMB48的武道館演唱會裡，曾聽到一位熱情的女孩在我的身後大聲加油。
後來我才知道，那個女孩就是麻友友！
這就是熱愛偶像文化的麻友友，她本身就是一個身在AKB並立志成為偶像的聖潔少女。
沒想到有這麼狂熱的女粉絲…不知道是什麼樣的女孩呢？
在擴大規模方式很像《少年JUMP》的AKB48裡，不靠「話題性」、「事件性」、「大眾性」的麻友友，未來有辦法在總選舉中勝出嗎？
不過別忘了，麻友友從以前到現在一直靠著克己禁慾的方式來貫徹自己的純粹性。
這其實是一種很辛苦的方法。
就像水面上優雅的美麗天鵝，其實水面下正努力地划水。
據說這次總選舉的現場實況轉播，瞬間最高收視率飆到了三二%。
由此可見，AKB48已經成為名符其實的「國民偶像團體」。
這甚至也可以說AKB48已經邁向「大眾化」。

自從廢除禁愛令後，我也不再會因為聽到醜聞的消息而在一早發飆」。結果生活變得不怎麼「戲劇化」，反而讓我有點寂寞。

如果AKB和傑尼斯一樣邁向大眾化，那麼以後就算爆發「醜聞風波」也會被大眾漠視吧？到時這個社會上也就不會再針對她們作各種抹黑行為了。
如果AKB48真的如此發展，那麼我的使命大概也就能告一段落了。
其實我也想從專門積極宣傳的「AKB評論家」中畢業，
希望以後能用一名粉絲的身分看顧著AKB成員的活躍，
也希望能繼續把自己的感想放到部落格上。
然後在明年的總選舉到來之前，我也會先努力地工作賺錢，到時就能幫麻友友投下一籮筐的支持票。
這樣的漫畫各位覺得如何？
但如果又有人故意抹黑AKB團隊的話，我說不定還會再度跳出來，給那些猖狂的笨蛋一記重擊！
這樣的碎碎念各位覺得如何？
雖說我打算從「狂熱粉絲的身分畢業」，但當我看著部落格時還是會忍不住在意起HKT。
我認為哈魯P、小櫻花、芽瑠、美櫻等人，以後很有機會扛起的AKB金字招牌。
所以我還會繼續幫HKT的成員們加油打氣喔。

專欄 小林善紀的宅男碎碎念 16

記錄一下我目前支持的AKB48成員。

我將大島優子視為女神來擁護，永不變心。

而咪喔琳（市川美織）則是必須要保護到底的小妖精。

麻友友（渡邊麻友）因為是AKB48兼任UGN48（不背叛粉絲），所以我絕對支持她成為中心歌手。

美優紀（渡邊美優紀）是最讓我個人萌到心坎裡的偶像，所以也是非擁護不可。

NMB48裡面有最多偶像型的成員，所以必須要全員支持。

看著HKT48感覺就像是疼愛自己的兒孫，因此當然也要全員支持。

ゴーマニズム宣言
SPECIAL
態度！AKB48論
©AKS

後記

說真的，一旦掉進
AKB48這個坑當中，
實在是很難輕易地從裡面
全身而退。
我發現自從AKB48開始
被大眾視為「國民偶像」後，
惡質的抹黑言論
便隨之接踵而來。
所以我也開始認為聲援她們
是一種很有意義的行動。
畢竟AKB48是由
全國國民攜手創造出的
演藝明星及演藝文化，
因此一定得仔細呵護這些
不可多得的人才。
由於我曾公開表明
自己是AKB48的粉絲，
所以有一陣子被大家貼上了
「蘿莉控」的標籤，
真的很讓我受不了。
不過現在無論是男女老幼
還是街坊鄰居，
都已經開始認同我是一個
單純喜愛AKB48的粉絲了。
記得我曾在部落格裡說過，
當我的使命告一段落，
就打算從「狂熱粉絲」的
身分中畢業。然而實際情形，
卻讓我難以辦到。
因為有些AKB成員希望我
不要放棄並且繼續聲援她們。
當然，我瞭解這可能只是客
套話，但即使如此她們的要
求還是很難拒絕啊。

雖然官方下令「無視」山本彩的假醜聞，不過這種無視其實就是「完全否認」的動作。NMB48 的山本彩真不愧是我看中的希望之星！我一定要擁護她！

我想AKB成員們的雙親大多都是三十歲到四十多歲的成年人。
應該會有人閱讀過我的《茶魔小少爺》和《傲骨精神宣言》吧？
所以，AKB裡面的少女不但像是自己的女兒，也像是自己的孫女。
哈會P！
芽瑠！
她們身為偶像不但像是小妖精一樣，同時也是純粹聖潔的化身。
只要我繼續保持著AKB評論家的身分，也就代表我會繼續使自己扮演「貫徹父權觀念」的角色。
不過我倒是想照三餐稱讚她們！
只要是為她們著想，我也會提出忠告！
至於禁愛令在我的心中則是永不偏廢。
如果又有人故意抹黑，我一定會馬上跳出來！
當然，我也會持續擁護認真有態度的成員！
…以上就是我想表達的重點。
再說我以前在《少年JUMP》上連載時，就一直讓自己活在問卷裡的人氣投票當中。
即使我的作品有幸坐穩第一名的寶座，還是會害怕連載人氣下跌，突然被編輯部腰斬。
自從見識到AKB是注重實力的世界後，我認為AKB的總選舉不是「辦祭典逛廟會」的活動。
然而在電視媒體開始為總選舉灌入「大眾性」的票源後，偶像的概念及道德觀也隨之煙消雲散。
既然中心歌手已取得秋元康的認可，當事人就擁有正確的名分！
這就是我個人的結論！
因為民意根本就不值得信賴！
不過我老是說些造成經紀公司困擾的發言，也常常隨便亂講話觸怒其他粉絲。
這樣的漫畫各位覺得如何？
所以我真的得感謝秋元康的支持，他總是默默容忍我所有言行。
カリ
カリ
カリ
カリ
カリ
我也要為每位AKB成員祈禱！

日文原書裝禎　鈴木成一設計工作室

構成　岸端美奈（小林企劃）
作畫　廣井英雄、岡田征司、宇都聰一、時浦兼（小林企劃）
編輯　志儀保博（幻冬舍）

國家圖書館出版品預行編目（CIP）資料

態度！AKB48論 / 小林善紀著 ; 王榆琮譯. -- 初版. --
臺北市 : 時報文化, 2014.08
196面 ; 14.8×21公分. -- (異言堂 ; 2)

ISBN 978-957-13-5962-5(平裝)

1.次文化 2.偶像崇拜

541.3 103008287

Issue 002

態度！AKB48論

作　者—小林善紀
譯　者—王榆琮
主　編—林芳如
責任編輯—王俞惠
執行企劃—林倩聿
封面設計
內頁編排—張　克
董事長
總經理—趙政岷
總編輯—余宜芳
出版者—時報文化出版企業股份有限公司
10803台北市和平西路三段二四〇號四樓
發行專線—（〇二）二三〇六—六八四二
讀者服務專線—〇八〇〇—二三一—七〇五・（〇二）二三〇四—七一〇三
讀者服務傳真—（〇二）二三〇四—六八五八
郵撥—一九三四四七二四時報文化出版公司
信箱—台北郵政七九～九九信箱
時報悅讀網—http://www.readingtimes.com.tw
電子郵件信箱—big@readingtimes.com.tw
法律顧問—理律法律事務所　陳長文律師、李念祖律師
印　刷—盈昌印刷
初版一刷—二〇一四年八月二十二日
定　價—新台幣三二〇元
⊙行政院新聞局局版北市業字第八〇號
版權所有　翻印必究
（缺頁或破損的書，請寄回更換）

GOMANISM SENGEN SPECIAL AKB48 RON
Copyright © YOSHINORI KOBAYASHI, GENTOSHA 2013

Cover original design © 2013 by SUZUKI SEIICHI DESIGN OFFICE
Chinese translation rights in complex characters arranged with GENTOSHA INC.
Through Japan UNI Agency, Inc., Tokyo and BARDON-Chinese Media Agency, Taipei
All right reserved.

ISBN 978-957-13-5962-5

Printed in Taiwan